개원 5년, 매출 100억 원을 만든 질문들

경험과 데이터로 완성한 병원 경영 로드맵

개원 5년, 매출 100억 원을 만든 질문들

경험과 데이터로 완성한 병원 경영 로드맵

RADIO BOOK

차례

프롤로그 성공의 크기를 만드는 질문은 따로 있다　　014

PART 1
병원 경영의 초석 - 리더십, 마인드셋, 그리고 비전

1　대표원장의 역할 재정의: 진료실 너머의 경영자로 거듭나기　019

나는 어떤 대표원장인가?(리더십 스타일과 자기 성찰)

대표원장의 시간은 금이다: 핵심 업무 집중 전략

성공하는 원장의 마인드셋: 위기를 기회로, 실패를 배움으로

기분이 태도가 되지 않게: 프로페셔널리즘 유지하기

보이는 것이 전부: 원장의 외모와 태도가 병원 이미지를 결정한다

2　의사결정 능력 키우기: 데이터와 직관 사이에서 최적의 길 찾기　043

의사결정 노트 작성법과 활용 전략

'감'이 아닌 '데이터'로 결정하라: 망상 경영 탈피하기

정보의 홍수 속에서 길 찾기: 전문가의 역할과 책임감

3 우리 병원만의 'WHY' 찾기: 미션, 비전, 핵심 가치 수립　　050

비전의 힘: 장사와 사업을 가르는 결정적 차이

골든 서클 이론: '왜(Why)'에서 시작하는 경영 철학

나만의 비전 설정법: 싫어하는 경험에서 답을 찾다

비전과 행동 규칙의 연결: 아이디어 실행의 첫 단추

4 원장의 리더십: 직원을 움직이고, 병원을 성장시키는 힘　　059

직원 탓은 이제 그만: 문제 해결 중심의 리더십

신뢰를 구축하고 유지하는 리더의 행동 원칙

'나의 손해가 나를 잘되게 한다.': 기버(Giver) 마인드의 현실적 이득

효과적인 위임의 기술: 단순 업무 전달을 넘어선 성장 동력

PART 2

데이터 기반 병원 진단과 시스템 혁신

1 우리 병원 현주소 정확히 알기: 데이터 기록과 분석의 모든 것　　070

온라인 평판 관리: 우리 병원, 어떻게 이야기되고 있나?

경영의 시작은 기록: 어떤 데이터를 어떻게 관리할 것인가?

매출 감소 시 즉시 실행해야 할 3가지 분석(자가, 경쟁, 환경)

우리 치과 인지도 자가 진단법(검색량, 카페 언급, 택시 테스트)

네이버 예약 데이터로 병원 혼잡도 예측하기

2 '시스템' 제대로 이해하고 구축하기 　　　　081

시스템의 오해와 진실: 행동 매뉴얼과 구성원의 체화

페이션트 퍼널이란 무엇인가?(환자 여정 최적화 시스템)

무너지는 시스템을 지켜라: 경영의 본질은 지속적인 보수

개선과 혁신의 차이: 균형 잡힌 발전 전략

아이디어 실행과 관리: 비전 부합, 빠른 실행, 구성원 동의, 지속 보완

3 　성장을 위한 의사결정: 수비가 아닌 공격 　　　　090

안될 이유 찾을 시간에 되게 할 방법을 찾아라

남이 안 하는 것을 하는 용기: 다른 길, 다른 결과

실행이 주는 최고의 선물: 피드백과 성장

수비적 해결책 VS 공격적 해결책: 성장은 어려운 길에 있다

4 　병원 규모에 따른 경영 전략의 변화 　　　　096

작은 조직 VS 큰 조직: 우리 병원의 현 단계는?

성장 단계별(매출 10억 원, 50억 원, 100억 원) 전략은 완전히 달라야 한다

현상 유지는 퇴보: 성장을 목표로 해야 하는 이유

PART 3

환자 중심 경영 - 경험 설계와 관계 구축의 모든 것

1 페이션트 퍼널 심층 분석: 단계별 환자 경험 극대화 전략　　103

인지 단계: 우리의 존재를 어떻게 알리고 있는가?

관심 단계: 환자의 문제에 해결책을 제시하는 법

예약·방문·대기 단계: 첫인상을 결정짓는 경험 관리

진단·상담 단계: 신뢰를 구축하고 확신을 심어주는 관문

진료 단계: 보이지 않는 가치를 보이게 만드는 기술

관리·소개 단계: 페이션트 퍼널의 최종 목적지

2 상담의 기술: 환자의 마음을 얻고 동의율을 높이는 대화법　　112

실명의 레벨: 당신의 설명은 환자에게 어떻게 전달되는가?

강의가 아닌 상담을 하라: 환자의 삶에 집중하기

듣기의 중요성: 질문으로 환자의 마음 열기

마법의 한 문장 "더 궁금한 것 없으세요?"

시각 자료의 힘: 백문이 불여일견(덴탈 커넥트 활용)

상담은 게임이 아니다: 가치 교환으로 윈윈하기

일관성의 법칙과 풋 인 더 도어: 자연스럽게 "예."를 이끌어내는 심리학

혼란스러운 고객은 구매를 거절한다: 명확한 선택지 제시

3   CRM(고객 관계 관리) 심화: 떠난 환자도 다시 돌아오게 만드는 전략   128

모든 환자는 소중하다: LTV(생애 가치)와 소개의 힘

환자와의 인연, 쉽게 놓지 마라(의료 쇼핑 환자의 오해와 진실)

치료 후 관리의 중요성: 안부 전화의 마법

마무리 상담: 마지막 경험이 모든 것을 결정한다

이탈 환자 관리: 비동의, 노쇼, 치료 중단 환자 되돌리기(PRM)

체계적인 환자 관리 시스템 구축 5단계(Follow-up, 정기검진 자동화, 중단 환자 추적, VIP 관리, 불편 호소 대응)

소개 환자 늘리기: 리뷰와 진짜 소개의 힘

4   컴플레인 관리: 위기를 기회로 바꾸는 소통법   142

'진상 환자'는 어떻게 만들어지는가?(무관심, 무설명, 개인적 상황)

환자와 싸우면 무조건 내 손해: 감정 컨트롤의 중요성

컴플레인 응대의 기본: 공감과 책임 인정

한 명의 컴플레인 뒤에는 수십 명의 불만이 숨어있다

"원래 그래요."는 금지어: 환자 불편 해결에 집중하기

사과의 힘: 불편에 대한 공감이 관계를 바꾼다

환불 그 이상의 것: 진심 어린 공감과 해결 노력

5   환자 경험, 디테일에서 승부가 갈린다   155

의료 서비스 범위의 확장: 진료 너머의 모든 경험

사소함이 만드는 차이: 디테일 경영의 힘

환자를 위한 친절의 재정의: 상대방이 느껴야 진짜 친절

다른 서비스 경험에서 배우는 환자 경험 개선 아이디어(미용실 사례)

체어 기본 세팅: 환자를 위한 작은 배려들

환자 편식하지 않기: 모든 환자를 환영하는 자세

환자가 주인공이다: 조력자로서의 원장의 역할

환자는 자산이다: 구신환, 소개, 리뷰의 가치

환자 타깃팅: 우리 병원과 결이 맞는 환자는 누구인가?

PART 4

차별화된 마케팅과 브랜딩 전략

1 마케팅 제대로 이해하기: 광고를 넘어선 본질   172

마케팅이란 무엇인가?

마케팅, 광고, 브랜딩, 바이럴의 차이와 관계

마케팅 대행사의 허와 실: 모르면 당한다

마케팅 비용은 투자인가, 소모인가?

광고 효율의 진실: 천만 원 쓰면 얼마나 벌까?

2 브랜딩: 우리 병원만의 '뾰족함' 만들기   183

강점 제대로 알리기: 환자가 느끼는 강점 VS 우리만 아는 특성

브랜딩의 핵심: 일관성, 톤 앤드 매너, 그리고 과감한 포기

'뾰족함'을 만드는 3가지 방법(사람, 상품, 판매 방식)

하고 싶은 진료를 많이 하는 방법: 브랜딩과 퍼널 설계

뻔뻔한 마케팅: 잘하는 건 적극적으로 알려라

3 콘텐츠 마케팅: 광고 없이 환자를 모으는 기술(무자본 마케팅)   194

소셜 미디어 시대, 왜 떠들어야 하는가?

콘텐츠 마케팅의 핵심: 꾸준함과 플랫폼 선택

트래픽의 질 VS 양: 콘텐츠 기반 트래픽의 힘

블로그 마케팅 제대로 하기: 키워드 선정의 오해와 진실

유튜브 시작 가이드: 촬영부터 편집, 채널 관리까지

콘텐츠는 상품의 포장이다: 가치를 제대로 전달하는 법

마케팅 자산 쌓기: 휘발성 광고 VS 지속적 콘텐츠

무자본 마케팅의 성과와 핵심: 원장의 손품으로 만드는 온라인 브랜딩

4 입지와 온라인 마케팅의 상호작용   209

오프라인 입지 선정의 3가지 팁

온라인 입지 VS 오프라인 입지

오프라인 입지 선정의 중요성과 온라인 마케팅 비용

온라인 간판 전쟁: 보이지 않으면 존재하지 않는다

5   주의해야 할 마케팅: DB 마케팅과 불법 광고의 함정   217

   DB 마케팅의 실체와 비용 구조, 그리고 중독성

   불법 광고, 후킹 광고의 유혹과 위험성

   가짜 트래픽, 가짜 리뷰의 폐해: 치팅은 망하는 지름길

PART 5

핵심 자원 관리 - 수가 전략과 직원 역량 강화

1   치과 수가, 제대로 알고 결정하고 있는가?   226

   수가 결정의 4가지 레벨: 우리 병원은 어디에?

   가치 기반 가격 책정: '싸다'와 '비싸다'의 진짜 의미

   수가 인상의 두려움 극복하기: 가치 상승과 함께라면 OK

   초과 수요 발생 시 최고의 대처법은 '수가 인상'

   객단가 올리기 전략: 업그레이드, 패키지, 프리미엄, 보험 진료

   할인과 광고비의 함정: 순이익을 갉아먹는 주범

   매출 감소와 순이익의 관계: 고정비의 무서움

2   직원 관리: 병원의 심장을 뛰게 하는 사람들   242

   채용의 기술: 우리 병원과 '결'이 맞는 직원 뽑기

   직원에게 줄 수 있는 것: 돈 그 이상의 가치

원내 규칙 설정: 원장부터 모범을 보여라

인건비 관리: 성장 예측 기반 급여 인상 및 신규 채용

직원 평가의 진짜 목적: 질책이 아닌 성장 지원

단점 대신 장점 찾기: 긍정 피드백의 선순환

에이스 직원이 떠나는 이유: 인정은 처우로 증명하라

팀워크의 힘: 보이지 않는 강력한 자산

직원과의 이별: 역량 부족 VS 도의적 잘못

실장의 역할 재정의: 핵심 업무 중심의 퍼포먼스 관리

인력 구성과 신규 채용 시 고려사항: '잉여 시간'의 가치

PART 6
미래를 읽는 통찰 - 변화 예측과 지속 가능한 성장

1   임플란트 수가, 어디로 갈 것인가? 273

임플란트 수가 변화 예측의 중요성

수요와 공급의 법칙, 그리고 인구 구조의 변화

비용 구조 변화와 시장의 힘

저수가 임플란트 시대의 뉴노멀과 사회적 경험

2 다가올 변화에 대비하라: 치과계의 미래와 생존 전략 278

비수기인가, 새로운 사이클의 시작인가? 변화의 본질 인식

치과계가 마주한 진짜 문제점: 외부 환경 탓을 넘어선 내부 성찰

치과의사의 사업 테크트리: 내부 확장부터 외부 사업까지

폐업 가능성 높은 치과의 특징과 자가 진단

3 병원 인수 시 주의 사항: 차트 번호의 함정 290

4 원장님을 위한 추천 경영 서적 293

에필로그 그리고, 우리의 항해는 계속됩니다 297

프롤로그

성공의 크기를 만드는 질문은 따로 있다

개원 5년 만에 연 매출 100억 원

누군가에게는 불가능해 보이는 꿈의 숫자일 것이고, 또 다른 누군가에게는 부러움과 시기의 대상이 되는 결과일 것입니다. 이 숫자를 처음 마주한 분은 제게 묻곤 합니다. "운이 좋았습니까?", "어떤 대단한 마케팅 비법이라도 있었습니까?", "역시 금수저였거나, 압도적으로 좋은 입지를 선점했겠지요?"

이 글을 시작하며, 그 모든 질문에 단호하게 "아니요."라고 답합니다.

물론 운도 따랐을 것이고, 수많은 사람의 도움이 있었기에 가능한 일이었습니다. 하지만 5년 만에 연 매출 100억 원이라는 성장을 만들어 낸 핵심 동력은, 흔히 생각하는 그런 외부 조건이나 기발한

꼼수가 아니었습니다. 5년의 시간은 화려한 성공 신화라기보다는, 매일매일 '본질'이 무엇인지를 묻고, 그것과 씨름하며 보냈던 치열한 전쟁터에 가까웠습니다.

저도 개원 초기, 다른 이들과 똑같은 질문에서 시작했습니다. "어떻게 하면 환자를 더 많이 오게 할까?" 하지만 수많은 밤을 지새우고, 수백 권의 책과 씨름하고, 수천 명의 환자와 부딪히며 깨닫게 된 것은, 제가 던져야 할 질문이 완전히 잘못되었다는 사실이었습니다.

성공의 크기를 바꾸는 질문은 따로 있었습니다.

"어떻게 하면 환자 '수'를 늘릴까?"가 아니라,

"어떻게 하면 단 한 명의 환자가 겪는 '경험'을 완벽에 가깝게 만들 수 있을까?"

"어떻게 하면 '나'라는 의사의 실력을 더 돋보이게 할까?"가 아니라,

"어떻게 하면 내가 없어도 우리 '팀' 모두가 반복적으로 최고의 서비스를 제공할 수 있는 '시스템'을 만들 수 있을까?"

"어떻게 하면 더 많은 치료에 '동의'하게 만들까?"가 아니라,

"어떻게 하면 환자 마음속 가장 깊은 '불안감'을 먼저 해소해 줄 수 있을까?"

이 질문들에 대한 답을 찾아가는 과정이, 바로 제 5년의 시간이었고, '페이션트 퍼널(Patient Funnel)'의 시작이었습니다. 환자의 동선 하

나, 직원의 말 한마디, 작은 안내문의 글자 하나까지, 환자가 우리 병원 문을 열고 들어서는 순간부터 만족하며 문을 나서는 그 모든 여정을 집요하게 분석하고 개선했습니다. 진료의 퀄리티는 기본 중의 기본이라 여기고, 그 외의 모든 '경험의 가치'를 끌어올리는 데 집중했습니다.

숫자는 이 모든 질문과 노력에 대한 시장의 '결과'일 뿐, 결코 목표가 아니었습니다. 그것은 수많은 환자가 보내준 신뢰의 총합이었고, 함께 땀 흘린 직원들의 헌신이 쌓여 만들어진 증명이었습니다.

이제, 이 책을 통해 그 5년간의 치열했던 항해 기록이자 제가 직접 그린 지도를 원장님들께 아낌없이 공유하고자 합니다. 이 책은 '이렇게 하면 100억 원을 번다.'라는 식의 허황된 성공 비법서가 아닙니다. 대신, 원장님 각자의 병원에서 '어떤 질문을 던져야 하는지', '어디에 집중해야 하는지', 그리고 '어떻게 실행해야 하는지'에 대한 가장 실질적인 길잡이가 되어 줄 것입니다.

부디 이 책이 원장님의 열정에 '시스템'이라는 날개를 달아주고, 막막했던 고민에 '통찰'이라는 등불을 밝혀주기를 바랍니다. 그래서 저보다 훨씬 더 짧은 시간에, 훨씬 더 위대한 성공의 역사를 써 내려가시기를 진심으로 응원합니다.

이제, 저의 5년을 원장님의 것으로 만들 준비가 되셨습니까?

PART 1

병원 경영의 초석

- 리더십, 마인드셋, 그리고 비전

성공적인 병원 경영은 단순히 뛰어난 진료 기술만으로는 이루어질 수 없습니다. 병원의 방향을 설정하고, 조직을 이끌며, 끊임없이 변화하는 환경에 적응해 나가는 대표원장의 리더십과 마인드셋, 그리고 명확한 비전이 그 무엇보다 중요합니다. 이 파트에서는 진료실을 벗어나 진정한 경영자이자 리더로 거듭나기 위한 핵심 요소들을 심층적으로 다룹니다.

1

대표원장의 역할 재정의
: 진료실 너머의 경영자로 거듭나기

　과거에는 의사가 진료만 잘하면 병원이 성장하던 시절도 있었습니다. 하지만 이제 시대가 변했습니다. 대표원장은 최고의 임상의인 동시에, 한 조직을 이끄는 경영자이자 리더여야 합니다. 병원 운영은 단순히 진료만 잘한다고 되는 일이 아니며, 대표원장은 의료인임과 동시에 경영자의 책임을 다해야 합니다. 경영에 대해 공부하지 않고 소홀히 한다면, 경쟁이 심화된 의료 환경에서 병원은 뒤처질 수밖에 없습니다.

1) 나는 어떤 대표원장인가? (리더십 스타일과 자기 성찰)

병원의 흥망성쇠는 대표원장의 방향성과 리더십 스타일에 따라 크게 좌우됩니다. 단순히 '좋은 사람'이 되는 것을 넘어, 어떤 리더십이 우리 병원의 현재 상황과 미래 목표에 적합한지 끊임없이 성찰하고 발전시켜야 합니다. 대표원장은 진료를 제일 잘하는 사람이 아닐 수도 있고, 그래서도 안 됩니다. 물론 진료가 중요하고 당연히 잘해야 하지만, 대표원장 역할은 진료 능력만으로 평가되는 것이 아닙니다.

① **대표원장의 본질적 역할 이해하기:** 대표원장은 병원의 존재 목적인 비전을 설정하고, 그 비전을 이루기 위한 행동 규칙을 정하며, 그 규칙을 반드시 지키기 위한 모든 궂은일을 직접 하면서, 이 길을 따라가면 그 비전이 이루어진다는 것을 구성원들에게 증명해야 합니다. 예를 들어, 페이닥터와 직원들이 혀를 내두르는 소위 '진상 환자'를 직접 떠맡아 이 사람이 진상이 아님을 증명하는 것, 임플란트 실패로 흥분한 환자를 달래고 다시 한번 악조건에서도 수술을 성공시켜 치과에 대한 인식을 개선하는 것, 지나가다 쓰레기가 보이면 "야, 이것 좀 치워."가 아니라 직접 치우는 모습을 보여주는 것, 재료 준비가 안 됐을 때 담당자를 찾아 화를 내는 것이 아니라 그런 실수가 벌어진 이유를 파고들어 조직을 개선하는 것, 돈 안 되고 어려운 진료를 마다 않고 몰입해서 환자의 만족과 소개를 이끌어내는 것, 아무리 바빠도 남

들 신경 못 쓰는 진료실에서의 규칙을 지켜내는 것, 오해로 인한 컴플레인이 있는 환자에게 직접 전화를 걸어 그 오해를 해결하는 것이 바로 대표가 해야 할 일이며 저도 직접 한 일입니다.

이렇게 대표원장이 꼭 해야 하는 일은 돈 되는 일이 아니라 이러한 '궂은일'이며, 쉬운 일만 하는 대표는 쉬운 성취밖에 이루지 못합니다. 어떤 궂은일을 해야 할지 모르겠다면, 환자 경험의 전 과정을 면밀히 살펴보는 '페이션트 퍼널'의 각 단계에서 그 답을 찾을 수 있을 것입니다. 페이션트 퍼널은 환자가 병원을 처음 인지하고 방문, 진료, 관리를 거쳐 최종적으로 다른 환자에게 소개하기까지의 모든 경험을 10단계로 체계화한 경험 개선 시스템입니다. 마케팅의 '퍼널' 개념을 병원에 적용한 것으로, 단계별 환자 경험을 최적화해 환자의 만족도를 끌어올리는 것이 핵심입니다. 궁극적인 목표는 광고에 의존하지 않고도 가장 강력한 자산인 소개 환자를 자연스럽게 늘리는 것입니다.(페이션트 퍼널에 대한 자세한 설명은 파트 3에서 다룹니다.)

② 다양한 리더십 유형 속에서 나를 찾고, 상황에 맞게 적용하기: 세상에는 다양한 리더십 스타일이 존재하며, 스타일마다 장단점이 있습니다. 중요한 것은 자신의 강점과 성향에 맞는 스타일을 개발하되, 병원 상황과 구성원 특성에 따라 유연하게 적용하는 것입니다. 내가 진료적으로 부족한 부분이 있다면, 내 역량을 키워 개선할 수도 있지만,

신뢰할 수 있는 페이닥터를 통해 보완할 수도 있습니다. 팀 단위 전문성을 활용해 공동의 목표를 이루는 것이 훨씬 더 효율적이며, 이를 통해 각자의 강점을 최대화하고 진료는 물론 조직 전체의 성장을 위한 전략적인 협력 관계를 구축할 수 있습니다.

대표원장은 모든 것을 알고 처리해야 하는 사람도 아닙니다. 흔히 대표는 모든 것을 알아야 한다고 생각하지만, 이는 잘못된 상식일 수 있습니다. 진료 외적인 업무, 예를 들어 노무나 법률, 세무 같은 전문 영역은 외부 전문가나 서비스의 도움을 받을 수 있으며, 외부 자원을 적절하게 활용하는 것이 오히려 대표로서 더 전략적이고 효율적인 운영 방식을 구축하는 데 도움이 됩니다.

③ **공동 대표를 고려한다면 신중하게:** 공동 대표를 구함에 있어 가장 중요한 기준은 단순히 기능적인 필요(예: 각 분과 전문의의 조합)가 아니라, 나와 같은 목표와 비전을 바라보고 함께 나아갈 수 있는 사람인가 하는 점입니다. 기능적인 부분은 다른 인력으로 대체할 수 있지만, 같은 그림을 그리고 같은 목표를 설정할 수 있는 파트너는 쉽게 찾을 수 없습니다. 성공할 것 같은 사람과 한 팀이 되는 것이 좋으며, 그러기 위해서는 나 자신이 먼저 성공할 만한 역량과 비전을 갖추는 것이 선행되어야 합니다. 내 역량이 부족한 상태에서는 좋은 사람과 함께하기 어렵습니다.

④ 책임지는 리더, 행동하는 리더: 궁극적으로 대표원장은 자신이 내린 선택과 결정을 결과로써 증명하는 사람입니다. 그 선택이 옳았음을 보여주고, 그 과정에서 나타나는 모든 결과에 대해 책임을 져야 합니다. 환자와 직원, 그리고 조직의 모든 구성원에게 자신의 비전과 목표를 현실로 만들어 보여주는 것이 바로 대표원장의 핵심 역할입니다. 그렇기에 대표원장은 단순히 진료 지식이나 운영 기술을 넘어서, 치과라는 조직 전체를 이끌어 나가는 리더로서의 명확한 방향성과 깊은 책임감을 보여줘야 합니다.

간혹 잘못된 결정은 그 파급효과가 누적돼 뒤늦게 드러나기도 하는데, 그중에서도 가장 위험한 것은 '아무것도 하지 않는 것'일 수 있습니다. 아무것도 하지 않는 것은 당장은 문제를 일으키지 않는 안전한 선택처럼 보일 수 있습니다. 하지만 병원을 둘러싼 환경은 끊임없이 변하고 있으며, 그 변화에 발맞춰 움직이지 않는 것은 곧 뒤처짐을 의미합니다. 환자의 기대는 계속해서 높아지고, 주변 병원과의 경쟁이 심화되는 상황에서 가만히 있는다는 것은 결국 스스로 경쟁에서 물러나는 것과 다를 바 없습니다.

더 큰 문제는 아무것도 하지 않는 선택의 부정적인 결과가 당장 눈에 보이지 않는다는 점입니다. 시간이 지나 병원이 정체되고, 환자가 점차 이탈하기 시작할 때야 그 대가가 드러나지만, 그때는 이미 너무 많은 시간을 잃었고 돌이키기에는 늦은 상황일 가능성이 큽니다. 병원 경영에서 중요한 것은 완벽한 계획보다 작은 변화라도 끊임없이 시도하는 것입니다. 환자 경험을 개선할 방법을 찾거나 내부 시스템을 업그레이드하는 등, 비록 작더라도 의미 있는 행동을 지속적으로 실행해야 합니다. 아무것도 하지 않는 것은 결국 병원의 미래를 포기하는 선택이라는 점을 명심해야 합니다.

2) 대표원장의 시간은 금이다: 핵심 업무 집중 전략

대표원장의 가장 귀하고 한정된 자원은 바로 '시간'과 그 시간을 사용하는 '집중력'입니다. 만약 진료에만 매몰돼 병원 전체를 조망하고 미래를 계획하며 시스템을 점검할 시간을 확보하지 못한다면, 병원은 마치 서서히 물이 새는 배처럼 가라앉을 수밖에 없습니다. 내가 바쁘니 우선 내 시간이 없어지고, 내 시간이 없으니 두 가지 부분에서 문제가 생깁니다.

첫째, 기존 시스템을 점검할 시간이 없어 기존 시스템이 조금씩 무너져 내립니다. 내가 체크하지 않는 병원 규칙은 당연히 점점 사라져 가고, 무너지는 시스템은 점차 나쁜 진료 경험으로 이어져 어디라고 콕 집어 말할 수 없는 문제와 함께 어려움을 겪게 됩니다.

둘째, 개선을 위한 고민을 할 시간이 사라집니다. 개선을 마음먹는다고 해결책이 갑자기 떠오르는 것이 아니라, 고민을 위한 재료들을 찾고 숙성하는 시간이 필요한데, 이를 할 시간이 없어지는 것입니다. 당연히 성장할 수 없는 환경이 만들어집니다.

① 원장의 시간을 갉아먹는 일상적인 함정들 인식하기: 많은 원장님이 자신도 모르게 시간을 비효율적으로 사용하고 있습니다. 모든 일을 직접 완벽하게 처리해야 한다는 부담감, 당장 급해 보이지만 장기적으로는 중요하지 않은 일들에 매몰되는 경우, 비효율적인 회의나 업무 프로세스에 발목 잡히는 상황, 또는 병원의 핵심 목표와 무관한 일에 시간을 쏟는 것 등이 대표적입니다. 이러한 함정들을 인식하는 것이 시간 관리의 첫걸음입니다.

② 핵심 업무에 집중하기 위한 시간 확보 전략: 일주일 내내 내 몸을 갈아 넣으면 단기적으로 매출이 높아지는 것처럼 보일 수 있습니다. 하지만 대표원장인 내 여유와 시간을 확보하지 못한다면 병원은 장기적으로 반드시 어려움에 직면합니다.

긴 안목에서 바라봤을 때, 나를 덜 갈아 넣고, 그 아낀 시간을 온전히 병원 성장에 투자할수록 병원은 오히려 더 빠르게 성장합니다. 병원 운영에서 가장 중요한 자원은 돈이나 훌륭한 직원이 아니라, 바로 대표원장의 집중력이며, 이 집중력을 유지하기 위해서는 건강이 뒷받침되어야 합니다. 많은 원장님이 다른 자원의 효율적 사용이라는 명목 아래 자기 자신을 희생하는데, 이는 가장 중요한 자원을 혹사하는 일입니다. 효율적인 병원 운영이란 진료 시간을 무한히 늘리는 것이 아니라, 대표원장이 최상의 컨디션을 유지하며 최고의 판단을 내릴 수 있는 환경을 만드는 것입니다.

③ **업무 우선순위 명확히 하기:** 모든 업무를 중요도와 긴급도에 따라 분류하고, 장기적인 병원 성장에 기여하는 '중요하지만 긴급하지 않은 일'(예: 비전 수립, 시스템 개선, 직원 교육, 신규 서비스 개발)에 의식적으로 시간을 배분해야 합니다. 이러한 활동은 당장의 매출로 직결되지 않을 수 있지만, 병원의 미래를 결정짓는 핵심 동력입니다. 아래는 제가 '중요하지만 긴급하지 않은 일'로 분류한 것들입니다.

- 병원의 '존재 이유' 설정 및 전파(미션, 비전, 철학 수립)
- 우리 병원만의 '사람'을 찾고 키우는 일(채용 및 직원 성장)
- '환자 경험 여정'의 설계 및 최적화(페이션트 퍼널 시스템 구축)
- 광고가 아닌 '브랜딩' 활동(우리 병원만의 '뾰족함' 만들기)
- '가치'에 기반한 수가 정책 수립 및 관리
- '감'이 아닌 '데이터' 기반 의사결정
- 대표원장 자신을 위한 '성장'과 '시간' 투자
- 핵심 인재에게 권한을 넘기는 '위임' 시스템 구축
- 흔들림 없는 '임상 실력'의 유지 및 발전
- 미래 시장 변화 예측 및 '혁신' 시도

④ **'위임'을 통한 시간 확보:** 내가 없으면 안 돌아가는 치과는 사업이 아닙니다. 바빠질수록 진료에서 한 걸음 더 벗어나 내가 치과를 경영할 시간을 확보해야 합니다. 페이닥터를 채용하든, 스케줄과 환자 수를 조정하든, 대표원장은 진료 외에 병원 경영이라는 더 중요한 할 일들을 놓치지 말아야 합니다. 예를 들어 제가 위임한 업무는 아래와 같습니다.

- 정기적인 재료 및 소모품 주문, 재고 관리
- 단순 경비 처리 및 정기적인 은행 업무
- 직원 근무 스케줄 및 휴가 관리
- 비 임상적인 일반 예약 문의 및 확인 전화
- 소셜 미디어(SNS) 채널의 일상적인 게시물 업로드
- 기공소 및 기래치외의 일상적인 소통
- 기본적인 장비 및 IT 문제 해결
- 정형화된 보험 청구 및 관련 서류 작업
- 병원 오픈 및 마감 시 일일 점검
- 각종 경영 데이터의 단순 입력

진료에만 파묻혀 시야를 잃는 순간, 우리 치과는 서서히 추락하게 됩니다.(위임에 대해서는 파트 1-4에서 더 자세히 다룹니다.)

⑤ **'집중 시간(Deep Work Time)' 만들기**: 하루 중 특정 시간, 예를 들어 오전 진료 시작 전이나 점심시간 직후를 '방해 금지 시간'으로 설정하고, 오직 전략적인 사고와 계획 수립에만 몰두하는 것이 효과적일 수 있습니다. 이 시간에는 전화나 메시지 확인을 최소화하고, 가장 중요한 업무에 집중력을 쏟아야 합니다.

⑥ **주기적인 휴식과 재충전의 중요성 인식**: 최고의 컨디션과 집중력을 유지하기 위해서는 적절한 휴식과 재충전이 필수적입니다. 이는 단순히 시간을 낭비하는 것이 아니라, 장기적으로 더 높은 성과를 내기 위한 투자입니다.

3) 성공하는 원장의 마인드셋: 위기를 기회로, 실패를 배움으로

병원 경영은 예측 불가능한 변수와 끊임없는 도전의 연속입니다. 이러한 상황을 어떻게 받아들이고 대처하는가에 따라 그 결과가 달라집니다. 위기를 기회로 전환하고, 실패를 성장의 발판으로 삼는 긍정적이고 유연한 마인드셋이 필수입니다.

① **완벽주의의 함정과 시스템 붕괴의 자연스러움:** 저도 사람인지라 치과 전체에 꾸준히 전방위적인 영향력을 발휘하고 싶지만, 체력과 정신력, 시간의 한계로 불가능합니다. 그렇게 제가 관심을 가지지 못하는 부분은 자연스럽게 무너져 내리기 시작합니다. 시스템은 티가 날 만큼 무너지고 나서야 다시 제 눈에 들어오고, 그때서야 저는 다시 무너진 부분을 수리하기 위해 신경을 쓰게 됩니다.

세상이 무질서도가 증가하는 방향으로 움직이듯이, 우리 병원도 그렇게 변화합니다. 우리는 부서지는 시스템을 건실히 지키기 위해 계속 노력해야 하고, 노력이 빗나가는 곳은 계속 무너질 것입니다. 경영의 본질은 어쩌면 이렇게 무너지는 곳을 지속적으로 찾아서 보수하는 것일지도 모르겠습니다. 내가 말하지 않는 부분이 무너져 내리는 것은 당연한 일입니다. 열정은 원래 고갈되는 것이고, 사람은 원래 지쳐가는 것이고, 시스템은 원래 무너져 내리는 것입니다. 결국 누가 끝까지 열정을 유지하고 지켜보느냐가 살아남는 치과와 그렇지 않은 치과를 결정합니다. 무너져 내리는 부분을 보고 현타를 갖지 말고, '또 개선할 부분을 찾았구나. 이번에는 좀 더 업그레이드 시켜봐야지.'라고 마음먹는다면 끝까지 살아남는 치과를 만들 수 있습니다.

저희 치과도 제가 말하는 것처럼 완벽하게 굴러가진 못합니다. 최근 고객관리실 선생님들과 미팅을 했는데 일이 많이 힘들다고 합니다. 체크해 보니 하루에 많은 수납과 접수, 수백 통의 각종 전화, 그리고 다양한 CRM 업무들을 소수의 직원이 나눠서 진행하고 있더군요. 직원이 적지 않음에도 요일별, 층별로 나눠지다 보니 실제 업무 담당 인력이 모자란 상황이었습니다. 현황 파악 실패와 그로 인한 과도한 부가 업무 부여, 이 두 가지가 제가 한 실수였습니다.

저도 이 모양이니, 잘 안되고 있는 부분이 있더라도 너무 자책하지 마십시오. 경영은 실수를 바로잡고 개선하기 위한 선택을 반복하는 행위이며, 실수가 없고 잘못된 부분이 없는 사업체와 경영 활동은 없을 것입니다. 경영적 선택이란 정확한 정답을 고르는 것이 아닌, 장단점을 가진 비슷한 옵션 중에 고르는 것이기 때문입니다. 모자란 부분을 무시하지 않고 해결하기 위해서 계속 고민하고 노력하는 것만으로도 우리는, 우리 치과는 성장하게 됩니다.

② **상황을 해석하는 힘- '잘 안되는 날'과 '잘 되는 날'의 교훈**: 병원이 잘 안되는 날, 많은 원장님이 외부에서 그 원인을 찾으려 합니다. '비가 오잖아.', '휴가철이잖아.', '명절 전이잖아.', '날씨가 춥잖아.', '경기가 안 좋잖아.' 등등. 하지만 문제는 이런 것들이 대부분 자신의 상상 혹은 망상이라는 것입니다. 소비자에게 직접 물어보지 않은, 오로지 내 머릿속에서 나온 소비자 행동 분석이기 때문입니다. 물론 날씨가 좋지 않고, 명절 전이고, 경기가 좋지 않을 수 있지만, 그것이 환자의 행동으로 이어진다는 명확한 근거는 없습니다. 오지 않은 환자에게 왜 안 오

셨냐고 물어볼 수 없기 때문에 나타나는 현상입니다. 이렇게 틀린 분석은 저조한 매출에 당위성을 부여하고, 개선을 위한 행동을 불필요하게 만듭니다.

따라서 우리가 할 일은 두 가지입니다. 우선, 매출이 마음 같지 않을 때 외부 요인을 찾는 대신 내부를 돌아보는 것입니다. 안되는 이유를 분석하기보다 우리가 더 잘할 곳이 없는지를 고민하는 것이죠. 그리고 두 번째는, 잘 되는 날 왜 잘 되는지를 고민하는 것입니다. 환자들과 한마디라도 더 하면서 오늘 병원이 붐비는 원인을 찾아보십시오. 이것은 병원을 방문한 환자들에게 직접 물어보는 것이니 망상이 아닌 분석이 됩니다.

③ 성장의 본질- 작은 성공의 축적과 좋은 재료의 중요성: "어떻게 치과를 그렇게 키우셨어요?"라는 질문에 대한 제 대답은 간단합니다.(속으로는 아직 더 커야 한다고 생각하지만요.) 성장은 특정한 사건, 특정한 마케팅, 특정한 결정으로 뻥튀기처럼 한 번에 '뻥'하고 나타나는 것이 아닙니다. 매일 이루어지는 작은 의사결정이 옳다면 매일 작은 개선이 이루어집니다. 옳지 못한 의사결정으로 뒤로 갈 때도 있지만, 내가 고민하고 노력한 만큼 내 의사결정은 성장에 가까워집니다. 그렇게 쌓인 하루하루의 흔적을 돌아보면 눈에 보이는 성장이 나타납니다.

여기서 '고민과 노력'에 포인트가 있습니다. 좋은 재료 없는 잘못된 방향의 고민은 잘못된 방향의 노력을 낳고, 이는 오히려 고꾸라지고 포기할 원인만 제공하게 됩니다. 그래서 고민의 재료가 중요합니다. 저는 바쁜 원장님들을 대신해 수백 권의 책과 강의를 탐독하며 생각의 재료를 모으고, 그 안에서 보석 같은 내용들을 발견해 왔습니다. 이러한 학습은 단순한 지식 축적을 넘어, 날것의 아이디어가 아닌 우리 병원에 바로 적용해 볼 수 있는 정리된 영감을 주며, 저를 실질적으로 성장시키는 원동력이 됐습니다.

특히 치과 운영이 마음처럼 풀리지 않을 때일수록, 저는 의식적으로 독서량을 늘리며 문제 해결을 위한 새로운 재료를 찾기 위해 노력합니다. 미슐랭 셰프도 찰흙으로 맛있는 음식을 만들 수는 없습니다. 경영에 대해서 지속적으로 공부해서 의사결정에 대한 좋은 재료를 확보해야 하는 이유입니다.

④ 현상 유지는 퇴보- 끊임없는 성장을 추구하라: '우리 병원은 이 정도면 됐다.'라는 생각은 매우 위험한 안주입니다. 자본주의는 철저하게 성장 위에 세워진 이념이며, 자본주의 시장에서 현상 유지는 곧 퇴보를 의미합니다. 우리가 직면한 냉혹한 현실을 직시해야 합니다. 비용은 지속적으로 상승합니다. 물가 상승으로 인한 운영비용 증가, 인건비 상승으로 인한 고정비용 부담, 세제 개편으로 인한 세 부담 증가 등 이러한 비용 증가는 누적되며 가속화되고 있습니다. 반면 수익성

은 악화될 수 있습니다. 의료 수가 하락, 환율 변동에 따른 의료기기·소모품 비용 증가, 경쟁 심화로 인한 마케팅 비용 증가 등 수익은 정체되거나 감소하는데 비용은 지속적으로 상승합니다.

시장 환경 또한 근본적으로 변하고 있습니다. 신규 의료기관의 공격적인 시장 진입, 지속적인 인구 감소로 인한 환자 풀 축소, 디지털 헬스케어 등 새로운 경쟁 요소의 등장. 이는 단순한 일시적 위기가 아닌 구조적 변화입니다. 자본주의는 철저하게 확장과 성장에 기반한 시스템이므로, 현상 유지를 선택하는 순간 우리는 이미 뒤처지기 시작한 것입니다. '이 정도면 됐다.'라는 생각은 곧 실패를 자초하는 길입니다. 앞으로 필사적인 혁신만이 현상 유지를 가능케 할 것이며, 적극적인 투자와 확장만이 생존을 보장하고, 끊임없는 변화와 적응만이 성공을 이끌 것입니다.

이제는 선택해야 합니다. 변화하는 시장에서 선제적으로 대응하여 성장할 것인가, 아니면 현상 유지라는 미명 하에 서서히 도태될 것인가를. 우리에게 주어진 시간은 많지 않습니다. 내가 아무런 노력 없이 가만히 있으면 두 가지 일이 일어납니다. 첫째, 자본주의의 특성에 따라 돈이 계속 찍히고, 물가는 올라갑니다. 각종 비용이 지속적으로 상승하고, 설령 비용 상승을 고려하지 않더라도 내가 버는 돈의 가치가 떨어집니다. 둘째, 경영학적 측면에서 경쟁자들은 다들 더 나아지기 위해 노력합니다. 모두가 액셀을 밟는 경기에서 나만 가만히 있는 꼴이 됩니다. 가만히 있는 것의 말로는 끝도 없는 후퇴입니다. 이런 후퇴는 환자에게도, 직원에게도, 가족에게도 좋은 가치를 제공하지 못합니다. 추가적으로 모든 목표가 이루어지지 않는 것을 고려하자면, 현상 유지가 병원의 목표일 경우 시나브로 쇠퇴하게 됩니다. 따라서 목표는 항상 성장이 돼야 하며, 그 성장을 위해서는 정말 각고의 노력이 필요합니다.

⑤ **적극적 사고- 안 될 이유보다 될 방법을 찾아라**: 치과의 성장과 성공에 한 걸음씩 가까워지기 위해서 꼭 가져야 할 태도는 '안 될 이유를 찾을 시간에 되게 할 방법을 찾는 것'입니다. 안 될 이유를 찾는 것은 매우 쉽고, 눈을 뜨고 찾으면 여러 개 보이며, 어떤 액션을 하지 않는 방향으로 결정하는 의사 결정이기에 매우 편합니다. 이는 현재 상태를 유지하고자 하는 마음의 발현이지만(이런 마음으로 현재 상태를 절대 유지할 수 없습니다. 현재 상태나마 유지하기 위해선 지속적으로 열심히 앞으로 나아가기 위한 발장구를 쳐야 합니다.), '다음에', '나중에'로 미루는 습성과 결이 같으며, 즉각적으로는 나쁜 결정을 피했다는 안도감과 만족감을 주지만, 결국 사업체가 서서히 무너지게 하는 주범입니다.

거꾸로 될 방법을 찾는 것은 생각도 많이 해야 하고 손품, 발품도 많이 필요합니다. 매우 피곤하고 어려운 길이며 그 성과도 즉각적이지 않습니다. 남들 눈에 바보 같아 보이며, 남들에게 이해받기 힘듭니다.

하지만 이 길만이 성장과 성공으로 가는 바른길입니다. 부정적인 마음에 안될 이유를 먼저 찾는다면, 그 이유를 극복하기 위한 수단까지 생각이 닿아야 합니다. 나이를 먹으면 키가 더 자라지 않듯, 자연적인 성장은 더 이상 없습니다. 성장에는 바른길로 인도할 비전과 그 비전을 이루기 위한 끝없는 노력이 필요합니다. 이 부분이 결여된 성장을 우리는 운이라 부르며, 운은 재현되지 않습니다.

"그건 그 병원이니깐 가능하지 우리 병원에서 불가능해.", "그건 그 사업에서나 가능하지 병원 영역에선 불가능해." 이런 말을 저는 싫어합니다. 원장님들이 말하는 불가능은 대부분 마음의 장벽일 뿐입니다. 우리 병원도 다른 병원도 같은 병원이고, 우리 사업도 다른 사업도 같은 사업입니다. 불가능하다고 믿는 순간 해낼 방법은 모두 사라져 버립니다. 반면 가능하다고 믿는 순간 해낼 방법들이 슬며시 고개를 들기 시작합니다. 유명 스포츠 브랜드의 슬로건이 효과가 있다는 것이 진실이듯, 병원에서도 사업에서도 항상 더 나은 개선들과 아이디어들이 넘쳐나길 바랍니다.

⑥ 장기적 관점- 스트레스 관리와 투자자적 시각: 스트레스의 총량은 알 수 없지만, 자영업자가 직장인보다 더 큰 스트레스를 받는 부분이 분명히 있다고 생각합니다. 자영업자의 스트레스는 성장의 불확실성에서 옵니다. 내 비교 대상은 항상 잘 되던 날, 잘 되던 시기입

니다. 그러니 오늘은 항상 덜 되는 날, 덜 되는 시기가 되는 거죠. 하루하루의 변동에 일희일비하면 안 됩니다. 사실 병원 경영도 작은 기업 경영이고, 접근하는 방식은 일반적인 주식 투자와 마찬가지입니다. 별일 없으면 들고 가는 장기 투자자의 마음으로 경영해야 합니다.

다만 큰 변화에는 반드시 대응해야 합니다. 기업의 운전대를 내가 잡고 있으니, 내가 이 기업을 더 잘 알고 외부 상황에 더 잘 대응할 수 있다는 압도적인 장점이 있는 것이죠. 또, 병원 운영은 지치기 쉬운 싸움입니다. 어떤 결정을 내리든, 그 효과가 즉각적으로 드러나지 않는 경우가 대부분이기 때문입니다. 혹시 짧은 기간 내에 드라마틱한 변화가 나타났다면, 그것은 내부의 노력보다는 외부 요인의 영향일 가능성이 큽니다. '내가 이렇게까지 열심히 하는데, 왜 당장 눈에 띄는 변화가 없을까?', '이렇게 해도 소용이 있는 걸까?'라는 의문이 들 수도 있습니다. 하지만 좋은 방향으로 나아가기 위한 노력은 반드시 성과로 이어집니다. 단, 그 변화가 단기적으로 보이지 않을 뿐입니다. 다음 주 병원 상황이 이번 주보다 안 좋아 보일 수도 있고, 다음 달이 이번 달보다 어려울 수도 있습니다. 그러나 포기하지 않고 퀄리티 높은 노력을 지속한다면, 내년 이맘때의 병원은 분명히 올해보다 더 나은 상태가 되어 있을 것입니다.

병원 경영은 마라톤과 같습니다. 당장의 결과에 흔들리지 말고, 한 걸음씩 꾸준히 나아가는 것만이 장기적인 성공을 보장합니다. 내가 하는 일에 지치고 무너지는 느낌이라면, 잠깐 고개를 들어 그 너머를 살펴보고 내가 어디로 가면 좋을지, 내가 세상을 더 나아지게 하는데 할 수 있는 일이 무엇인지 고민해 보시기 바랍니다.

4) 기분이 태도가 되지 않게: 프로페셔널리즘 유지하기

환자는 판매자의 기분이나 사정을 전혀 신경 쓰지 않습니다. 구매자는 항상 자신에 대해서만 관심을 가집니다. 자신의 상황, 기분, 이득에만 집중하며, 판매자인 병원에는 관심이 없습니다. 우리가 식당에서 밥을 먹을 때, 호텔 체크인할 때, 보험 서비스를 가입할 때 등 어떤 구매 상황을 생각해 봐도 그러합니다. 우리의 태도나 스펙 등 환자 입장에서 자신의 구매와 연관되는 특성에는 관심이 있지만, 이는 판매자에 대한 관심이 아닙니다. 판매자인 우리가 어떤 상황에 처해있는지, 그래서 어떤 기분인지 등은 구매와 연관이 없는 특성이기에 전혀 관심이 없습니다.

이것이 바로 '기분이 태도가 되면 안되는' 가장 중요한 이유입니다. 환자는 우리의 태도를 즉각적으로 느끼지만, 우리의 기분까지 이해하거나 고려할 필요는 없습니다. 아무리 타당한 개인적인 근거가 있는 상황이라도, 일단 태도가 무너지면 그것은 무조건적인 나의 손해로 이어집니다. 그 근거는 나만의 사정일 뿐, 환자에게는 전달되지도, 이해받지도 못하기 때문입니다.

특히 대표원장의 감정 기복이 심한 태도는 직원들에게 고스란히 전달돼 불안감을 조성하고, 직원들은 원장 눈치를 보며 위축될 수밖에 없습니다. 이는 병원 내부 분위기를 악화시키고, 장기적으로 팀워크를 약화시킵니다.

또, 우리가 구축해야 할 시스템은 단순히 업무 효율성을 높여 내가 스트레스를 덜 받는 '나를 위한 시스템'이 아니라, 환자가 병원에서 느끼는 모든 경험을 체계적으로 설계하는 '환자를 위한 진료 경험 퍼널'이어야 합니다. 나를 위한 시스템이 잠시 무너졌다고 화를 내고 짜증을 내며 직원을 탓하기 쉽습니다. 새로운 직원이 적응하지 못해 생기는 문제나 교육의 지연으로 생기는 불편함에 짜증을 내는 동안, 환자가 경험해야 할 가장 중요한 진료의 품질과 감동은 속절없이 무너져 내립니다.

환자는 스태프에게 짜증을 내면서 정작 자신에게만 친절한 의사를 결코 신뢰하지 않습니다. 그들이 원하는 것은 병원 팀 전체가 한마음으로 자신을 위해 최선을 다하고 있다는 진정성 있는 느낌입니다. 따라서 우리는 화를 줄이고, 짜증 내지 않으려는 의식적인 노력을 통해 프로페셔널한 태도를 유지해야 합니다. 환자를 위한 시스템이 무너질 경우에는 반드시 이를 빠르게 바로잡아야 합니다. 환자 경험의 본질을 지키는 시스템은 병원의 생명과도 같기 때문입니다. 한 줄로 요약하자면, 어떤 상황에서든 화를 줄이고 짜증 내지 말자는 것입니다.

5) 보이는 것이 전부: 원장의 외모와 태도가 병원의 이미지를 결정한다

사람들이 나를 많이 찾게 만들고(신환을 늘리고), 내 말을 잘 듣게 만들고(상담 동의율을 높이고) 싶다면, 가장 쉽고 빠르고 강력한 방법은 내가 매력적인 사람이 되는 것입니다. 반대로 내가 매력적이지 못하다면 어떤 노력을 해도 만족스러운 성과를 내기 어렵습니다. 많은 원장님이 이 '매력'의 위력을 간과하는 경향이 있습니다.

① **신체적 매력의 중요성과 관리:** 운동 잘하는 것, 공부 잘하는 것, 피지컬 좋은 것 등 세상에는 많은 재능이 있지만, 외모야말로 가장 근본적이고 자랑하지 않아도 아주 잘 드러나는 가장 강력한 재능이라고 생각합니다. 잘생기고 예쁜 것은 범접할 수 없는 축복일 수 있습니다. 옷을 깔끔하게 입는 것, 안경에 지문이나 얼룩이 묻어 있지 않은 것, 땀이나 담배 냄새가 나지 않는 것 등 간단하게 매력을 끌어올릴 방법은 아주 많습니다. 최소한 스스로 매력을 깎아 먹는 행동은 하지 말아야 합니다.

어떤 요리든 그것을 담는 그릇이 깨끗하고 정갈해야 요리의 가치를 제대로 전달할 수 있듯이, 병원의 대표원장은 진료라는 서비스를 담는 그릇입니다. 아무리 훌륭한 진료를 제공해도, 그릇이 지저분하면 환자는 신뢰하지 않습니다. 유니폼이 구겨지고. 머리가 정리되지 않았다면, 아무리 좋은 요리를 내놓아도 그릇이 얼룩져 있으면 신뢰도가 떨어지는 것과 같습니다. 환자는 '이 병원이 위생적으로 관리될까?'라는 불안감을 느낍니다. 깨끗하지 않은 그릇에 담긴 요리는 아무리 맛있어도 손이 가지 않는 것과 같습니다. 환자는 치료를 받으며 불쾌감을 느끼고 다시 방문하지 않을 가능성이 큽니다. 또, 무성의한 태도와 피곤한 모습으로 환자를 대한다면, 정갈한 플레이팅 없이 대충 담긴 음식처럼 보일 것입니다. 환자는 '이 병원이 내 건강을 진심으로 신경 써줄까?'라는 의심을 갖게 됩니다.

병원의 신뢰는 대표원장의 모습에서 시작됩니다. 환자는 의료 전문가가 아니기에, 진료 실력을 직접 평가할 수 없어 결국 눈에 보이는 것과 느껴지는 것으로 병원의 가치를 판단합니다. 깨끗한 유니폼, 단정한 외모, 청결한 몸 관리, 환자와의 아이 콘택트, 이러한 작은 요소들이 모여 병원의 신뢰를 만듭니다. 진료 수준을 높이기 전에, 진료를 담는 그릇인 나 자신을 먼저 돌아봐야 합니다. 혹시 나도 모르게 환자에게 불쾌감을 주고 있지는 않은지 생각해 보기 바랍니다. 병원의 성장은 결국 대표원장이 어떤 모습을 보여주느냐에서 시작됩니다.

② **보이는 재능이 더욱 중요해지는 시대:** 세상은 점점 보이는 것이 중요한 시대로 변하고 있습니다. 보이지 않는 재능보다 보이는 재능의 가치가 압도적으로 커지고 있습니다. 소셜 미디어 시대에서 성공하는 가장 쉽고 명확한 방법 중 하나는 유명해지는 것이며, 유명해지는 가

장 빠른 방법은 외모가 뛰어나거나, 춤을 잘 추거나, 운동을 잘하거나, 노래를 잘하거나, 웃기는 등 보여주기 쉬운 재능들입니다. 이러한 재능들이 사람들의 관심을 끌고 압도적인 영향력을 만듭니다.

이 원리는 병원에도 그대로 적용됩니다. 우리 병원이 아무리 좋은 치료를 제공해도, 그것이 환자에게 잘 보이지 않으면 존재하지 않는 것과 같습니다. 진료 실력이 뛰어나도 시각적으로 드러나지 않으면 환자는 그 가치를 알기 어렵습니다. 병원 환경이 아무리 좋아도 보여주지 않으면 그냥 평범한 병원으로 인식될 뿐이며, 환자 경험이 아무리 훌륭해도 사람들이 알지 못하면 의미가 퇴색됩니다. 따라서 병원도 '보이는 것'에 집중해야 합니다. 병원 이미지부터 신경 써야 하며, 병원 내부 인테리어, 조명, 대기 공간의 분위기 하나하나가 환자에게 주는 첫인상을 결정합니다. '이 병원, 뭔가 다르다.'라는 긍정적인 느낌을 주는 것이 중요합니다.

대표원장의 개인적인 이미지 또한 병원 브랜딩의 중요한 요소입니다. 원장의 외모, 복장, 말투, 태도까지 모두 병원의 신뢰도를 좌우할 수 있으므로, 신뢰감 있는 이미지를 만들려면 보이는 것부터 세심하게 신경 써야 합니다. 콘텐츠와 마케팅도 마찬가지입니다. 병원의 장점과 차별점을 효과적으로 보여줄 수 있는 온라인 콘텐츠, 즉 사진, 영상, SNS 활동 등을 통해 우리 병원의 가치를 적극적으로 보여주고 각인시켜야 합니다. 이제 보이지 않으면 존재하지 않는 것과 같은 시대가 되었음을 인지하고, 좋은 병원이 되고 싶다면, 먼저 잘 보이는 병원이 되는 것부터 시작해야 합니다.

2

의사결정 능력 키우기
: 데이터와 직관 사이에서 최적의 길 찾기

병원 경영은 매 순간 크고 작은 의사결정의 연속입니다. 이러한 결정들이 모여 병원의 현재를 만들고, 미래를 결정짓습니다. 따라서 효율적인 의사 결정력은 성공적인 병원 경영의 핵심 역량이라 할 수 있습니다.

1) 의사결정 노트 작성법과 활용 전략

　의사 결정력을 키우기 위한 가장 실질적이고 효과적인 방법 중 하나는 '의사결정 노트'를 작성하는 것입니다. 투자의 귀재들이 자신의 투자 결정을 기록하고 복기하며 성공률을 높이듯이, 병원 경영이라는 더 중요한 본업에도 이러한 원칙을 적용할 필요가 있습니다.

　① **의사결정 노트, 왜 필요한가?:** 옳은 의사결정을 위해서는 판단의 재료가 필요합니다. 시험공부를 할 때 아는 것이 없으면 문제를 잘 풀 수 없듯이, 경영 지식이나 경험 없이 좋은 결정을 내리기는 어렵습니다. 독서나 강의, 다른 치과나 서비스의 경험 등은 판단의 재료로 쌓여 더 나은 의사결정을 내리는 데 도움을 줍니다. 하지만 이것만으로는 부족합니다. 치과를 경영하는 것은 객관식이나 단답형 문제가 아니라, 오히려 오픈북 테스트에 가깝습니다. 재료 자체보다도 그 재료들을 가지고 무엇을, 어떻게 하느냐가 더 중요합니다. 의사결정 노트는 이러한 과정을 기록하고 성찰함으로써 의사결정의 질을 높이는 훈련 도구가 됩니다.

　② **의사결정 노트 작성 및 활용 방법:** 오늘 내가 내린 경영상의 주요 의사결정을 노트에 정리합니다. 그리고 그 결정을 내린 이유(근거)와 그로 인해 예상되는 결과를 함께 작성합니다. 처음에는 다소 허접

하게 느껴질지라도 꾸준히 기록하는 것이 중요합니다. 이렇게 노트가 쌓이면, 과거에 내렸던 결정들을 주기적으로 돌아보면서 그 과정과 결과를 복기해 봅니다. 어떤 결정이 좋은 결과를 가져왔는지, 어떤 결정이 예상과 다른 결과를 낳았는지, 그 이유는 무엇이었는지 분석하는 과정을 통해 자신의 의사결정 패턴과 개선점을 파악할 수 있습니다. 이는 단순히 과거의 성공이나 실패를 기록하는 것을 넘어, 미래의 더 나은 결정을 위한 소중한 자산이 됩니다.

2) '감'이 아닌 '데이터'로 결정하라: 망상 경영 탈피하기

경영에서 가장 큰 위험 요소 중 하나는 객관적 근거 없는 직관적 판단, 즉 '망상 경영'입니다. 성공적인 병원 운영을 위해서는 데이터에 기반한 '예측 경영'으로의 전환이 필수입니다. 예측에 바탕을 둔 목표는 이루어질 가능성이 높지만, 망상에 바탕을 둔 목표는 이루어지기 어렵습니다.

① **예측과 망상의 결정적 차이- 객관적 근거:** 예측과 망상의 핵심적인 차이는 객관적 근거의 존재 여부입니다. 예측은 체계적으로 수집된 데이터와 그에 대한 분석을 통해 도출된 합리적 추론이지만, 망상은 주관적 희망이나 막연한 기대에 기반한 비현실적 기대입니다.

예를 들어, 열심히 매일 야간 진료를 하기로 결심한 초기 개원 원장님이 몇 주 동안 시도해 본 결과, 특정 요일 야간에만 환자가 없다는 사실을 발견하고 '아, 이 동네는 목요일 밤에 환자들이 없구나.'라고 판단해 해당 요일 야간 진료를 없애는 경우가 있습니다. 또 다른 원장님은 매출이 걱정돼 일요일 진료를 시작했지만, 몇 주간 진료를 해 본 뒤 비슷한 결론에 이르러 일요일 진료를 중단하기도 합니다. 몇 주간의 테스트는 우리에게는 꽤 긴 시간처럼 느껴지고, 효율 없는 일을 계속하는 것은 힘들고 마음 상하는 일입니다. 하지만 데이터 관점에서 볼 때 몇 주라는 시간은 너무 짧을 수 있습니다. 이러한 판단은 그럴싸한 결정처럼 보일지 모르지만, 현실은 내 결정이 유의미한 결과를 도출하기에는 기간이 너무 짧았거나, 단순히 몇 번의 우연이 겹쳐서 별 효과를 보지 못한 것일 수 있습니다.

'해 보고 아니면 말고'라는 의사결정 방식은 좋지만, 여기서 중요한 것은 '해 보고'와 '아니면' 사이의 연결 고리입니다. 충분히 시도해 본 뒤에 확실히 아니라는, 객관적 결론이 나왔을 때, 그 아이디어를 수정하거나 폐기하는 것이 핵심입니다.

② 데이터 기반 의사결정을 위한 핵심 요소: 성공적인 예측 경영을 위해서는 첫째, 체계적인 데이터 수집이 선행되어야 합니다. 일일 환자 수와 진료 수익, 진료 과목별 수익성 분석, 신환·재진 환자 비율, 지역별·연령대별·성별 환자 통계, 내원 경로 분포, 진료 시간대별 환자 현

황, 예약 취소율과 부도율, 환자 만족도 조사 결과 등 다양한 데이터를 꾸준히 기록해야 합니다.

둘째, 수집된 데이터를 분석하고 활용할 수 있어야 합니다. 주간·월간·연간 트렌드 분석, 요일별 트렌드 분석, 계절적 변동 요인 파악, 수익성 변동 요인 분석, 환자 이탈 원인 분석, 효과적인 운영 시간대 도출, 채널별 마케팅 효과 측정 등을 통해 유의미한 정보를 추출해야 합니다.

셋째, 이러한 분석 결과를 바탕으로 과학적인 의사결정 프로세스를 구축해야 합니다. 데이터 기반 투자 결정, 인력 운용 최적화, 운영 시간 조정, 진료 과목 확대·축소 결정, 의료 장비 도입 타당성 평가, 병원 프로세스 개선 등이 이에 해당합니다. 이러한 객관적 데이터를 바탕으로 한 예측은 병원의 지속 가능한 성장을 위한 필수 요소입니다. 특히 현대 의료 환경에서는 디지털 도구들을 활용한 데이터 수집과 분석이 용이해졌으므로, 이를 적극적으로 활용하는 것이 경쟁력 확보의 핵심이 됩니다. 성공적인 병원 경영은 '감'이나 '경험'에만 의존하는 것이 아니라, 객관적 데이터를 기반으로 한 과학적 의사결정에서 시작되며, 이는 불확실성을 줄이고 리스크를 관리하는 가장 효과적인 방법입니다.

3) 정보의 홍수 속에서 길 찾기: 전문가의 역할과 책임감

정보가 범람하는 현대 사회에서 전문가의 역할은 그 어느 때보다 중요해졌습니다. 우리 주변에는 수많은 정보와 선택지가 넘쳐나고, 각 분야 전문가 역시 셀 수 없이 많습니다. 이러한 시대에서 환자들에게 선택받기 위해서는 단순히 존재하는 것만으로는 부족합니다. 경쟁 속에서 돋보이기 위해서는 우리가 주도적으로 문제를 해결하고, 대상에게 명확하고 신뢰할 수 있는 선택지를 제공해야 합니다.

① **전문가의 핵심 역할- 복잡함의 단순화와 신뢰할 수 있는 결정 제시:**
전문가의 핵심 역할은 복잡한 정보를 이해하고 분석한 뒤, 이를 바탕으로 신뢰할 수 있는 결정을 내려주는 것입니다. 현대인의 삶은 끊임없이 변화하고, 매 순간 선택의 연속이지만, 많은 이들이 넘쳐나는 정보 앞에서 혼란을 느끼고 적절한 결정을 내리기 어려워합니다.

이때 전문가로서 우리는 그들이 더 이상 고민하지 않도록 길을 제시하고, 상황을 단순화해 줄 책임을 가집니다. 많은 경우 환자에게 여러 가지 치료 계획을 제시하는 것은 친절하게 보일 수 있습니다. 하지만 진정으로 환자에게 도움을 주는 전문가의 역할은 여기에서 한 걸음 더 나아가야 합니다. 다양한 치료 계획이나 해결책을 설명한 뒤, 최종적으로 특정 환자의 상황에 가장 적합한 단 하나의 선택을 제시해주는 것이 전문가의 중요한 책임입니다.

모든 선택에는 장점과 단점이 존재하며, 모든 면에서 완벽한 치료 방법은 거의 없습니다. 예를 들어, 하나의 치료 방법이 시간 측면에서 더 효율적일 수 있지만, 비용 면에서는 부담이 될 수 있고, 다른 선택은 덜 침습적이지만 예상보다 긴 회복 기간이 필요할 수 있습니다. 이러한 다양한 장단점 때문에 환자는 더욱 혼란을 느낄 수 있으며, 이런 상황에서 전문가의 역할은 단순히 정보를 나열하는 데서 그치는 것이 아니라, 그중에서 어떤 것이 특정 환자 상황에 최적의 결과를 낼 수 있을지를 명확하게 제시하는 것입니다. 여러 선택지를 제안하는 것은 때로 환자에게 심리적 부담을 증가시키고, 오히려 결정을 더욱 어렵게 만들 수 있습니다. 하지만 전문가가 확신을 가지고 하나의 명확한 길을 제시할 때, 환자는 전문가에 대한 신뢰를 바탕으로 그 선택을 따를 가능성이 높아집니다.

② **선택 제시와 그에 따르는 책임감**: 이러한 과정에서 중요한 것은 전문가로서의 '책임감'입니다. 선택을 해 주는 것에 그치지 않고, 그 선택에 따르는 결과에 대해 책임을 져야 합니다. 이는 심리적 부담을 줄 수 있지만, 이것이야말로 진정한 전문가로 인정받기 위한 필수적인 자세입니다. 환자에게 확신을 심어주는 것은 단순히 의학적 기술과 지식의 문제가 아닙니다. 이는 환자와의 신뢰를 바탕으로 한 관계의 문제이며, 이를 위해서는 당연히 인간적인 차원의 소통과 이해가 필요합니다.

3
우리 병원만의 'WHY' 찾기
: 미션, 비전, 핵심 가치 수립

병원을 개원하고 운영하는 과정에서 수많은 결정을 내려야 합니다. 이때 흔들리지 않는 기준점이 되는 것이 바로 병원의 '미션, 비전, 그리고 핵심 가치'입니다. 이것이 명확할 때, 병원은 단순한 돈벌이 수단을 넘어 고유한 정체성을 가지고 일관된 방향으로 나아갈 수 있습니다.

1) 비전의 힘: 장사와 사업을 가르는 결정적 차이

개원을 준비할 때 가장 중요한 것은 무엇일까요? 많은 사람들이 입지, 마케팅, 경쟁 분석, 혹은 진료 실력을 꼽을 것입니다. 물론 이 모든 요소가 중요하고 개원의 성공을 좌우하는 결정적인 역할을 합니다. 하지만 이보다 더 중요한 것은 바로 '비전'입니다.

① **비전이란 무엇인가?**: 비전이란 내가 어떤 치과를 만들고 싶은지, 어디로 나아가고 싶은지를 정의하는 것입니다. 이는 치과 경영의 나침반과 같은 존재로, 우리가 내리는 모든 경영적 판단과 결정에서 방향성을 제공해 줍니다. 비전이 명확할 때, 우리는 일관된 판단을 내릴 수 있으며, 직원들도 원장의 결정을 신뢰할 수 있습니다. 직원들이 '원장이 왜 이랬다가 저랬다가 하는지 모르겠다.'라는 혼란을 겪지 않도록 하려면 비전이 분명히 자리 잡고 있어야 합니다. 환자들 역시 일관된 경험과 서비스를 통해 우리 병원을 신뢰하게 됩니다.

② **비전 없는 경영의 한계**: 비전이 없다면 병원은 방향 없는 배와 다름없습니다. 순간순간의 결정은 일관성이 부족하고, 그 결과로 혼란을 초래합니다. 반면에 비전이 있는 병원은 진료, 서비스, 내부 운영 모두가 하나의 목표를 향해 움직이므로 더욱 강한 결속력을 가지게 됩니다. 경영적인 어려움이 있을 때도, 비전은 흔들리지 않는 기준점이 되

어줍다. 진료와 환자 경험, 그리고 매출 역시 결국 비전 아래에 위치하는 요소들입니다. 비전이 올바르게 설정되어 있을 때, 이 모든 것들은 자연스럽게 비전의 일관된 방향성 속에서 성장하게 됩니다.

개원 시 가장 중요한 결정은 어떤 치과를 만들겠다, 어떤 방향으로 가겠다, 어떤 가치를 반드시 지키겠다고 하는 미션과 비전, 핵심 가치를 정립하는 것입니다. 이것이 없으면 사업이 아닌 '장사'에 머무르게 되며, 장사는 변화하는 시장 환경에서 살아남기 어렵습니다. 이제는 진짜 '사업'을 해야 할 때가 오고 있습니다.

③ **뜬구름 잡는 이야기가 아닌 병원의 뿌리:** 많은 원장님이 비전의 중요성을 이야기할 때, 두 가지 반응으로 나뉩니다. 한쪽은 눈빛이 반짝이며 더 큰 꿈을 향한 열정을 보여주는 분들이고, 다른 한쪽은 '개원하는데 그런 뜬구름 잡는 이야기가 왜 필요해?'라고 생각합니다. 그러나 우리가 흔히 '뜬구름 잡는 이야기'라고 여기는 비전이 없어 많은 병원이 고유한 정체성을 가지지 못하고, 혼란 속에서 갈피를 못 잡고 운영되는 경우가 많습니다. 진료 기술, 환자 경험, 그리고 매출 같은 것은 단기 성과에 그칠 수 있지만, 비전은 병원을 지속 가능한 길로 이끌고, 진정으로 의미 있는 성과를 이루게 합니다. 비전은 성공을 위한 도구를 넘어, 병원이 병원답기 위한 필수 요소이며, 병원의 뿌리와 같습니다.

2) 골든 서클 이론: '왜(Why)'에서 시작하는 경영 철학

영국 출신의 작가이자 경영 컨설턴트로 리더십과 조직 문화 분야에서 세계 최고로 꼽히는 사이먼 시넥이 주장하는 '골든 서클(Golden Circle)' 이론은 우리가 어떤 일을 하거나 메시지를 전달할 때 '왜(Why)'에서부터 시작해야 한다고 강조합니다. 대부분의 사람이나 조직은 '무엇을(What)' 하는지에 대해서는 명확히 알지만, '어떻게(How)' 하는지, 그리고 가장 중요한 '왜(Why)' 하는지에 대해서는 깊이 생각하지 않는 경향이 있습니다. 하지만 진정으로 사람들에게 영감을 주고 행동을 이끌어내는 것은 '무엇을'이나 '어떻게'가 아닌, 바로 '왜'입니다.

- **Why(왜 이 일을 하는가?)**: 이것은 목적, 신념, 존재 이유에 해당합니다. 단순히 돈을 버는 것을 넘어, 우리 병원이 세상에 어떤 가치를 제공하고자 하는지에 대한 근본적인 질문입니다.

- **How(어떻게 하는가?)**: 이것은 '왜'를 실현하기 위한 구체적인 방법, 전략, 차별화된 프로세스를 의미합니다.

- **What(무엇을 하는가?)**: 이것은 우리가 제공하는 제품이나 서비스, 즉 진료 행위 자체를 말합니다.

대부분의 조직은 '무엇을'에서 시작해 '어떻게'를 거쳐, 운이 좋다면 '왜'에 대해 이야기합니다. 하지만 위대한 리더와 조직은 정반대로, '왜'에서 시작해 '어떻게', 그리고 '무엇을'의 순서로 소통하고 행동합니다. 사람들은 당신이 '무엇을' 하는지에 반응하는 것이 아니라, 당신이 '왜' 그것을 하는지에 반응하기 때문입니다.

저는 정말 좋은 치과를 만들고 싶습니다. 좋은 치과에 대한 정의는 사람마다 다를 것입니다. 의료진 실력이 출중한 치과, 가격이 합리적인 치과, 친절한 치과, 크고 시설이 훌륭한 치과 등 사람마다 기준이 다를 수 있습니다. 저는 조금 다르게 생각합니다. '좋은 경험을 줄 수 있는 치과가 좋은 치과다.' 이것이 제 생각이며, 다른 어떤 상품이나 서비스도 마찬가지입니다. 그로 인해 좋은 경험을 할 수 있어야 좋은 상품이고 좋은 서비스입니다. 그래서 저는 경험이 훌륭한 치과를 만들고 싶었고, 지금의 일반적인 치과 경험을 다른 차원으로 끌어올리는 데 힘을 쏟았습니다. '치과 경험의 혁신을 위한 헌신', 이것이 바로 저희 치과의 'Why'이자 비전입니다. 저희 치과의 모든 것은 이 'Why', 즉 비전에서 시작합니다.

비전이 정해지고 나면, '어떻게(How)' 치과 경험을 혁신할 것인지에 대한 고민이 매일 이어지고, 그 결과 '무엇을(What)' 바꿔 나갈 것인지에 대한 구체적인 답변을 찾아 나갑니다. 제가 책과 강연 등을 통해 생각의 재료를 수집하는 것도, 이러한 'Why'를 실현하기 위한 'How'

와 'What'을 찾기 위함입니다. 저는 제 방법이 치과를 성공시키기 위한 유일한 방법이라고 생각하지는 않지만, 저희 치과의 'Why'가 아주 좋은 비전이라고 생각하며, 앞으로 의료 서비스가 나아가야 할 가장 긍정적인 방향 중 하나라고 믿습니다.

혹자는 비전같이 두루뭉술한 것은 개나 주라고, 듣기 좋은 말만 떠드는 허황된 내용이 치과 경영에 무슨 도움이 되느냐고 말할지도 모릅니다. 하지만 원래 가장 대단하고 중요한 것은 누구에게나 보이지만, 너무 단순하고 별거 아닌 것처럼 보여 대부분 알아차리지 못합니다. 그리고 그것이 바로 우리가 하는 일의 'Why', 즉 비전입니다.

사이먼 시넥의 주장처럼 대단한 성과를 이룬 사람들은 반드시 비전을 따라갑니다. 비전이 중요해 보이지 않는다면, 아직 우리의 사업 레벨이 그 중요성을 체감할 만큼 높지 않은 것일 수 있습니다. 치과 경영을 이야기할 때 아무도 비전에 대해서 깊이 있게 떠들지 않기 때문에, 어쩌면 우리들이 운영하는 치과가 허섭한 것일지도 모르겠습니다. 모두가 본받을 만한 대단한 치과가 존재하지 않는 이유일지도 모릅니다. 내가 하는 일의 'Why'를 고민해 보고, 이를 치과 경영의 나침반으로 삼아보시기를 바랍니다. 정말 멋진 일들이 벌어질 것입니다. 나의 나침반을 직접 정하고 따라가는 것, 이것이 제가 생각하는 가장 멋진 길입니다.

3) 나만의 비전 설정법: 싫어하는 경험에서 답을 찾다

　어떤 치과를 만들까, 남들과 다른 차별점은 어떻게 찾을까 하는 고민은 어찌 보면 쉽지만, 또 어찌 보면 매우 어려운 문제입니다. 하지만 치과의 미션과 비전, 그리고 이를 이루기 위한 핵심 가치를 정하는 것은 가장 중요한 결정 중 하나입니다. 우리 치과의 비전을 설정하는 아주 쉬운 방법 하나를 공유합니다. 바로 내가 싫어하는 경험과 내가 싫어하는 사람을 활용하는 것입니다. 어떤 것을 이뤄야 할지 모르겠다면, 차선책으로 내가 싫어하는 것을 피하는 방법을 선택해 보는 것입니다.

　예를 들어, 강약약강의 모습을 보이는 교수님이 싫었다면 그 반대 모습을 목표로 잡으면 됩니다. 진료를 대충 하고 위임하던 대표원장이 싫었다면 그 반대를 목표로 삼을 수 있습니다. 식당에서 나에게 집중하지 않는 서비스 경험이 싫었다면, 우리 병원에서는 그 반대의 경험을 제공하는 것을 목표로 할 수 있습니다.

　저의 경우, 두 가지 경험을 조합하여 비전을 설정했습니다. 첫째는 환자의 기분과 경험 따위는 전혀 신경 쓰지 않던 어떤 교수님의 모습이었고, 둘째는 최악이었던 어느 미용실에서의 경험이었습니다.(미용실은 치과와 시스템이 유사해 배울 점이 많습니다.) 그래서 '치과 경험의 혁신을 위한 헌신'이라는 비전을 만들 수 있었습니다. 이렇게 나의 경험을 활용하면 남들과는 다른 나만의 목표가 생기고, 나만의 목표는 나만의 치과를 만들어주며, 나만의 치과는 불필요한 경쟁을 피하게 해줍니다. 아직 비전이 없거나, 의미 없는 비전뿐이라면, 꼭 한번 자신만의 비전을 만들어보기를 바랍니다. 비전이 없으면 장사꾼에 머무르지만, 비전이 있으면 진정한 사업가로 거듭날 수 있습니다.

4) 비전과 행동 규칙의 연결: 아이디어 실행의 첫 단추

"치과 잘되는 방법 좀 알려줘 봐."라는 질문을 받을 때, 사람들이 기대하는 '방법'이란 보통 당장 써먹어 볼 수 있는 무언가, 즉 '행동 규칙'을 뜻하는 경우가 많습니다. 하지만 한 치과의 행동 규칙은 그 치과의 '비전'에서 나옵니다. 정해둔 비전을 이루기 위해서 꼭 지켜야 할 것들의 집합이 바로 행동 규칙입니다. 그러니 단순히 치과가 잘 되기 위해서 다른 병원의 행동 규칙만 복사하는 것은 아무 의미가 없습니다. 인과 관계없는 결과만 가져오는 꼴이기 때문입니다.

진짜 질문은 "뭘 하면 치과가 살 될 수 있는가?"가 아니라, "어떤 방향으로 생각하고, 어떤 비전을 가져야 치과가 잘 될 수 있는가?"여야 합니다. 모든 사업에서 비전은 가장 중요하며, 사업과 장사를 가르는 단 하나의 개념입니다.

문득 치과를 개선할 수 있는 아이디어가 떠오를 때, 이 아이디어가 치과에 실질적인 도움이 되려면 몇 가지 조건을 만족해야 합니다. 무엇보다 그 아이디어가 우리 치과의 비전과 방향성에 부합해야 합니다.

아무리 좋은 아이디어라도 우리 치과의 방향과 어울리지 않는 아이디어는 차용해서는 안 됩니다. 예를 들어, 환자가 대기시간을 경험하지 않는 환경을 추구하면서 갑자기 환자가 많아져서 대기시간이 늘어날 만한 아이디어를 가져오면 안 됩니다. 이것이 다른 치과의 성공 사례를 무조건 베끼면 안 되는 이유입니다. 아이디어를 실행하기 위한 첫 단추는 바로 우리 병원의 비전과 핵심 가치에 부합하는지 점검하는 것입니다.

4
원장의 리더십
: 직원을 움직이고, 병원을 성장시키는 힘

    병원의 성공은 훌륭한 진료만큼이나 대표원장의 리더십에 달려 있습니다. 직원을 탓하기보다 문제를 해결하고, 일관된 행동으로 신뢰를 구축하며, 때로는 자신의 단기적인 이익을 넘어선 '주는 마음'으로 조직 전체의 성장을 이끌어내는 것, 그리고 적절한 위임을 통해 자신과 병원의 역량을 극대화하는 것이 진정한 리더의 모습입니다.

1) 직원 탓은 이제 그만: 문제 해결 중심의 리더십

병원에서 일어나는 모든 문제를 직원 탓으로 돌리는 것은 대표원장이 저지를 수 있는 큰 실수 중 하나입니다. 병원의 최종 의사결정자는 대표원장이며, 그에 따라 최종 책임자도 대표원장입니다. 병원에서 문제가 생기면 대표원장이 가장 먼저 책임져야 합니다. 직원 실수가 있다면, 그 실수를 예방할 수 있는 시스템을 만들지 못한 대표원장의 잘못을 먼저 돌아봐야 합니다.

직원 탓이 아니라 문제의 원인을 정확히 분석하고 그에 대한 해결책을 제시하는 것이 리더의 역할입니다. 단순히 직원을 질책하는 것은 조직의 사기를 떨어뜨리고, 결국 직원 이직률을 높여 병원 운영에 더 큰 문제를 야기할 뿐입니다. 진정한 리더는 문제 발생 시 책임을 전가하는 대신, 이를 시스템 개선과 직원 성장의 기회로 삼아야 합니다.

2) 신뢰를 구축하고 유지하는 리더의 행동 원칙

직원들에게 신뢰를 잃는 원장의 행동은 병원 운영에 치명적인 영향을 미칩니다. 특히 직원들이 대표원장을 신뢰하지 않거나 가볍게 보게 만드는 몇 가지 태도가 있습니다.

첫째, 병원의 비전, 미션, 핵심 가치를 원장 스스로 지키지 않는 것입니다. 병원의 방향성과 목표는 조직을 하나로 묶는 중요한 역할을 합니다. 그러나 원장이 이를 무시하거나 스스로 행동으로 보여주지 않는다면, 직원들도 이를 가볍게 여기게 되고 조직의 일체감은 흔들릴 수밖에 없습니다.

둘째, 말을 자주 바꾸는 행동입니다. 일관성 없는 지시는 직원들을 혼란스럽게 만들고, 이로 인해 업무 효율이 떨어지며 신뢰 역시 금세 무너집니다. 직원들은 원장의 말이 언제든 변할 수 있다고 생각하고, 결국 원장의 지시를 진지하게 받아들이지 않게 됩니다.

셋째, 기분에 따라 행동이 달라지는 태도입니다. 감정 기복이 심한 원장은 직원들에게 불안감을 주고, 직원들은 원장의 눈치를 보며 위축됩니다. 이는 병원 내부 분위기를 악화시키고, 장기적으로 팀워크를 약화시킵니다.

넷째, 본인 입장만을 고려하는 태도입니다. 병원은 원장과 직원 모두의 협력으로 운영됩니다. 직원 입장과 어려움을 고려하지 않는 원장은 조직 내에서 신뢰를 잃게 되고, 이는 결국 병원 성과와 분위기에 악영향을 미칩니다.

결국, 신뢰는 작은 행동에서부터 쌓이고, 또 작은 행동에서 무너집니다. 원장으로서 신뢰를 얻고 유지하기 위해서는 일관성 있는 행동, 공감 능력, 그리고 병원의 비전과 핵심 가치를 철저히 실천하는 자세가 필요합니다. 이는 단순히 직원들을 위해서가 아니라, 병원의 지속적인 성장을 위해서, 그리고 궁극적으로 나 자신을 위해서 반드시 지켜야 할 원칙입니다.

3) '나의 손해가 나를 잘되게 한다.': 기버(Giver) 마인드의 현실적 이득

가장 근본적인 이야기, 치과, 아니 모든 종류의 사업이 잘되기 위해서 가장 중요하고 근본적인 것에 대해서 이야기해 보겠습니다. 환자의 경험을 설계하기 위해서 가져야 할 마인드가 한 가지 있습니다. 아무리 환자의 경험을 설계하려고 해도 첫째, 우리가 모든 경우의 수를 인지하고 설계할 수 없으며, 둘째, 디테일한 상황에서 설계한 대로 흘러가게 할 수도 없습니다.

많은 원장님이 착하고 선한 직원을 선호하는 이유는 여러 가지가 있겠지만, 결국 매뉴얼대로 흘러가지 않는 상황에서의 행동 때문일 것입니다. 생각이 바른 직원은 매뉴얼이 없어도 바른 행동을 하지만, 그렇지 않은 직원은 매뉴얼이 있어도 잘못된 행동을 합니다. 직원 행동을 평가하며 대단한 척하지만, 대표원장도 마찬가지입니다. 생각의 방향이 바르다면 대표원장도 매뉴얼이 없는 상황에서 옳은 결정을 내릴 수 있지만, 그렇지 않다면 계속 실수를 반복할 것입니다.

결국 가장 중요하고 근본에 있는 것은 대표원장의 생각입니다. 그리고 제가 제안하는 가장 효과적이고 파괴적인 생각의 조각은 다음 문장입니다. '나의 손해가 나를 잘되게 한다.' 요즘은 이런 마인드를 '기버(Giver)'라고 표현합니다.

내가 내 손으로 하고 있는 내 사업이라면 지켜 내야 할 가치들은 단순히 마진, 나의 기분, 나의 시간 같은 것들이 아닙니다. 물론 이러한 단기적인 이득도 중요하지만, 전부가 되어서는 안 됩니다. 우리가 지켜 내야 할 가장 중요한 것은 첫째, 진료 퀄리티, 둘째, 환자의 경험, 그리고 셋째, 환자 그 자체입니다. 첫 번째는 가장 중요하고 근본적이며 다들 잘하고 계실 테니 따로 말하지 않겠습니다. 나의 시간과 기분, 그리고 내 마진을 지키기 위해 환자의 경험과 환자 자체를 희생하는 것은 최악의 방식입니다.

이러한 것들은 나에게 단기적인 이득을 주는 가치일 뿐, 사업이 지속 가능한 성장을 할 것인지 그렇지 못할 것인지는 장기적인 이득으로 결정됩니다. 나의 단기적인 이득을 포기하고 환자에게 더 나은 경험을 제공할 수 있다면, 환자는 우리에게 두 가지를 줍니다. 첫째, 더 높은 LTV(생애 가치), 둘째, 더 많은 소개 환자입니다. 내 기분이, 내 만족이, 내 시간이, 내 마진이 내 사업의 근본적인 성공보다 더 소중하다면 그렇게 해도 됩니다. 자기 선택이죠. 하지만 상식을 벗어난 마케팅이나 희귀한 상품을 만들어낼 수 없는 우리 필드에서 사업을 성공시키기 위한 단 하나의 비법이 있다면 바로 이 '주는 마음'입니다.

4) 효과적인 위임의 기술: 단순 업무 전달을 넘어선 성장 동력

많은 원장님이 '위임'에 부정적인 시선을 가지고 있거나, 혹은 중요하지 않은 일에 지나치게 많은 에너지를 쏟으면서 정작 중요한 것을 놓치곤 합니다. '위임진료'라는 불법적인 행위 때문에 '위임'이라는 단어 자체가 부정적으로 인식되는 경우가 많지만, 이러한 불법적인 부분을 제외한 기능적인 파트에서의 위임은 병원 성장과 원장의 행복을 위해 반드시 필요합니다.

① 위임은 성장을 위한 필수 조건: "대표는 다 할 줄 알아야 한다.", 유독 대표원장 사이에서 많이 돌아다니는 이 말은 사실과 다릅니다. 대표는 모든 일을 다 할 줄 알고, 모든 일을 다 직접 하며, 모든 일에 다 개입하는 존재가 아닙니다. 대표의 가장 중요한 역할은 조직의 성장을 만들어내는 것이며, 이를 위해서는 나의 유한한 집중력과 '총기(총명한 기운·판단력)'를 아껴 사용해야 합니다. 그 총기를 쓸모없는 것에 들이붓는 순간, 실제로 중요한 부분에서 사용할 총기가 사라져 버립니다. 이러한 정신력의 낭비를 막아주는 것이 바로 적절한 업무의 위임입니다. 위임하지 않으면 대표원장은 병원의 본질과 동떨어진 사소한 문제에 지나치게 집착하거나 직원들이 충분히 해결할 수 있는 일에 관여하게 돼 병원의 핵심 목표를 놓치게 됩니다. 대표원장은 병원의 성장과 환자 관리 같은 중요한 일에 집중하고 나머지 업무는 신뢰할 수 있는 팀에 맡겨야 합니다.

② 위임은 나의 행복을 위한 필수 조건: 성장에 관심이 없다면 좋은

대표라고 보긴 어렵지만, 그렇다고 칩시다. 자기 마음이니까요. 하지만 어쨌든 모든 업무를 다 하는 경영은 행복할 수 없습니다. 많은 대표원장이 작은 서류 작업까지 모두 도맡아서 하는 이유는 그렇게 '할 수 있기 때문'입니다. 치과는 사업적으로 봤을 때 개별 단위가 작고 심플해, 모든 부분을 챙기려 하면 가능한 손만 뻗으면 닿는, 그런 업무들로 구성되어 있습니다.

하지만 그럼에도 불구하고 그 모든 것을 챙기는 것은 상당히 소모적입니다. 이런 모습은 아르바이트생을 믿지 못해 야간 타임까지 혼자 뛰는 편의점 사장님과 다르지 않습니다. 중요하지 않은 업무들은 정말 중요하지 않습니다. 우리가 신경을 꺼도 별 탈 없이 돌아가는 일이 정말 많습니다. 왜냐하면 정말 중요하지 않기 때문이죠. 우리의 여유와 행복은 업무의 위임으로 가능해집니다.

③ 제대로 된 위임이란? 방임과의 차이: 위임의 사전적 정의는 '어떤 일을 책임지고 수행할 수 있도록 다른 사람에게 맡기는 것'입니다. 하지만 많은 경우 위임을 자기 일을 단순히 넘기는 것으로 오해합니다. 그것은 위임이 아니라 '방임'입니다. 제대로 된 위임은 두 가지가 필요합니다.

첫째, 정확한 업무 전달입니다. 업무의 목적, 진행 방식, 기대하는 결과까지 명확하게 설명해야 합니다. 단순히 "잘 좀 해주세요."가 아니라 "이렇게 진행해서 이런 결과를 만들어 주세요."라고 구체적으로 전달해야 합니다.

둘째, 결과 보고 체계입니다. 맡긴 업무가 제대로 진행되었는지 점검해야 하며, 진행 상황을 주기적으로 확인하고 피드백을 주는 과정이 필요합니다.

④ 위임하지 않으면 성장은 없다: 병원이 성장하려면 대표원장은 진료와 경영의 큰 방향을 설정하는 일에 집중해야 합니다. 재료 관리를 직접 하고 계신가요? 직원 스케줄을 직접 짜고 계신가요? 소모품 주문을 직접 확인하고 계신가요? 이러한 업무는 대표원장이 최우선으로 해야 할 일이 아닙니다. 만약 직접 해야 한다고 생각한다면, 그것은 위임의 필요성을 간과하고 병원 성장을 스스로 가로막고 있는 것입니다.

모든 일을 직접 하면 병원은 대표원장 개인의 한계를 넘어서 성장할 수 없습니다. 시간이 지나고, 환자가 늘어날수록 대표원장은 바빠지며, 바빠질수록 내 시간은 줄어들고, 내 건강은 나빠지며, 내 정신력은 약해집니다. 결국 하루하루 환자를 '처리'하기 급급해지며, 막상 내가 만들어 놓은 우리 치과가 건강한지, 아픈 데는 없는지 확인할 여유가 사라집니다. 개원했다는 것은 내 사업체에 대한 책임을 져야 한다는 의미이며, 그 책임을 지기 위한 노력에는 진료만 있는 것이 아닙니다. 우리가 쏟을 수 있는 노력의 총량에는 한계가 있으며, 그 노력이 진료에만 집중되는 것은 기형적인 상황입니다.

바빠질수록 진료에서 한 걸음 더 벗어나, 내가 우리 치과를 경영할 수 없을 만큼 바쁘다는 것이 비정상적인 상황이라는 신호를 인지해야 합니다. 내가 없으면 안 돌아가는 치과는 사업이 아닙니다. 페이닥터를 채용하든, 스케줄과 환자 수를 조정하든, 내가 치과를 경영할 시간을 확보해야 합니다. 그것이 '대표원장'이라는 단어에서 '대표'의 역할을 하는 방법입니다. 위임은 내 일을 던져두는 것이 아니라, 병원의 성장을 위한 필수 시스템입니다.

PART 2

데이터 기반 병원 진단과 시스템 혁신

대표원장의 리더십과 명확한 비전이 수립됐다면, 다음 단계는 병원의 현재 상태를 객관적으로 진단하고, 지속적인 성장을 위한 견고한 시스템을 구축하는 것입니다. 감에 의존하는 경영에서 벗어나 데이터를 기반으로 합리적인 의사결정을 내리고, 병원 운영의 모든 과정을 체계적으로 관리하는 것이 중요합니다.

1
우리 병원 현주소 정확히 알기
: 데이터 기록과 분석의 모든 것

병원을 성공적으로 운영하기 위해서는 먼저 우리 병원이 시장에서 어떤 위치에 있고, 내부적으로 어떤 강점과 약점이 있는지 정확히 파악해야 합니다. 이는 마치 건강검진을 통해 우리 몸 상태를 점검하는 것과 같습니다.

1) 온라인 평판 관리: 우리 병원, 어떻게 이야기되고 있나?

우리 병원이 환자들에게 어떻게 평가받고 있는지 정확하게 아는 것은 매우 중요합니다. 오프라인 입소문은 그 실체를 정확하게 파악하기도 힘들고, 때로는 과장, 왜곡되는 경향이 있습니다. 하지만 온라인상에서의 입소문은 생각보다 자세하게 살펴볼 수 있습니다. 우리 병원을 방문한 환자가 우리를 어떻게 생각하는지 '주기적으로' 들여다봐야 하는 몇 가지 채널이 있습니다.

- **네이버 리뷰 및 블로그:** 네이버에 우리 치과 이름을 최대한 짧은 키워드로 검색합니다.(예: '불당본점 서울비디치과의원'이라면 '비디치과'로) 상단 검색 결과의 '블로그' 탭을 클릭한 후 최신순으로 정렬해 환자나 방문자들이 작성한 글들을 확인합니다.

- **네이버 카페:** 같은 방식으로 '카페' 탭을 클릭해 각종 지역 커뮤니티(맘카페 등)에서 우리 병원에 대한 평가를 확인합니다. 이때 자음 축약 검색(예: 'ㅂㄷ치과')으로도 많은 정보를 얻을 수 있습니다.

- **네이버 지식인, 구글 리뷰, 카카오맵 리뷰:** 이들 플랫폼에서도 우리 병원에 대한 다양한 의견과 평가를 찾아볼 수 있습니다. 특히 카카오맵 리뷰는 별다른 인증 없이 남길 수 있어 때로는 매우 솔직

한, 이른바 '매운맛' 후기를 접할 수 있습니다.

- **당근마켓, 모두닥 등 의료 앱**: 지역 기반 커뮤니티인 당근마켓이나 의료 정보 앱에서도 환자들의 생생한 후기를 확인할 수 있습니다.

이러한 온라인 채널들을 주기적으로 훑어보는 것은, 과거 지인의 경험을 통해 정보를 얻던 '소개 신환'이 온라인 후기를 통해 유입되는 새로운 형태로 진화했음을 인지하는 데 도움이 됩니다. 소개와 후기는 본질적으로 닮아 있으며, 다만 후기가 조금 덜 직접적이고 더 광범위할 뿐입니다. 온라인 후기는 병원 성장의 중요한 지표가 될 수 있으므로, 상처받지 말고 객관적으로 받아들이려는 자세가 필요합니다.

2) 경영의 시작은 기록: 어떤 데이터를 어떻게 관리할 것인가?

병원 경영의 시작은 '기록'입니다. 의사결정에는 반드시 근거가 있어야 하며, 그 근거 중에서 가장 만들기 쉬우면서도 강력한 것이 바로 데이터입니다. 야간 진료 요일을 정할 때는 오후 시간에 환자가 가장 많은 날을 기준으로 결정해야 하고, 오픈 시간을 조정하려면 오전 진료 환자들의 내원 시간을 분석해야 합니다. 페이닥터나 직원 급여를 정할 때도 단순한 시장 시세가 아니라 4대 보험, 갑근세, 그리고 실제 퍼포먼스와 성장 가능성 등을 종합적으로 고려해야 합니다. 이처럼 병원을 운영하는 모든 결정은 반드시 데이터에 기반해야 합니다.

제가 매일 챙겨보는 경영 활동과 직접 관련된 수치들은 매출, 총환자 수, 신환 수(진료과목별, 지역별, 내원 경로별 포함), 구신환 수, 마무리 환자 수, 당일 보철 딜리버리 환자 수 등입니다. 물론 이 안에서도 세부적으로 나눠서 기록하고 있으며, 치과 단위에서는 이것보다 훨씬 더 많은 부분이 기록되고 정리되고 있습니다. 정확하게 기록되지 않더라도 쌓이면 나중에 다 큰 경영 자산이 됩니다.

기록은 다음과 같은 여러 중요한 이점을 제공합니다.

- **상황을 정확하게 바라보게 해준다**: '오늘 병원 바쁘네.'라고 생각했는데, 사실은 환자가 많이 온 것이 아니라 진료가 좀 안 풀려서 혹은 보철물 상태가 좋지 않아서 바빴던 것일 수도 있습니다. '오늘 매출 좋네.'라고 생각했는데, 사실 병원이 잘 돼서가 아니라 그저 밀린 수납을 받았거나 당겨 받았을 수도 있습니다. 기록을 통해서 이런 체감과 현실의 오차를 줄일 수 있습니다. 단지 기록을 하는 것만으로도 내 사업, 내 병원에 대한 '감도'가 매우 올라갑니다.

- **의사결정을 객관적으로 만들어준다**: 병원 사정이 안 좋아서 이를 극복하기 위해 내리는 결정들 중에는 감정적인 판단이 섞인 좋지 않은 의사결정이 있을 수 있습니다.(예: 기분이 좋지 않아서, 슬퍼서, 화나서 등) 마찬가지로 병원이 잘될 때 내리는 의사결정 또한 반대 이유로 나쁜 결정이기 쉽습니다. 기록을 통해 현상을 객관적으로 파악하는 것은 감정에 영향을 받지 않는 좋은 결정을 내릴 수 있는 환경을 만들어줍니다.

- **우리가 내린 의사결정의 결과를 보여준다**: "우리 이번 주에는 이러이러한 것들을 해봅시다." 보통 병원은 이렇게 하고 끝나는 경우가 많습니다. 실무진 간의 약간의 피드백을 주고받고 "좋았어요.", "별로인 것 같아요." 등의 결론과 함께 실행은 마무리됩니다. 하지만 기록하면 우리의 의사결정이 어떤 영향을 주는지 명확히 알 수 있습니다. 다음 주나 다음 달, 늦어도 다음 해에는 그 결정의 영향력이 숫자로 나타날 것이기 때문입니다.

만약 '병원을 잘 운영하고 싶은데 어디서부터 시작해야 할지 모르겠다.'라는 고민을 하고 있다면, 기록부터 시작하세요. 기록은 병원이 나아가야 할 방향을 명확하게 보여줍니다. 데이터가 없으면 모든 결정이 감에 의존하게 되고, 감에 의존한 경영은 내비게이션 없이 목적지로 가는 것과 같습니다. 방향을 잃고 헤매다가 원하는 결과를 얻지 못할 가능성이 큽니다. 진료 데이터를 기록하고, 매출 흐름을 분석하고, 직원 성과를 정리하는 이 작은 습관이 결국 병원을 더 안정적이고 효율적으로 운영하는 기반이 됩니다. 경영은 기록에서 시작되며, 기록 없는 경영은 존재하지 않습니다.

3) 매출 감소 시 즉시 시행해야 할 3가지 분석(자가, 경쟁, 환경)

매출이 줄어든 것 같다면, 감으로 판단하지 말고 정확한 원인을 분석해야 합니다. 데이터 없이 문제를 해결하려고 하면 방향을 잃을 수밖에 없습니다. 매출 하락 원인을 찾기 위해 반드시 거쳐야 할 세 가지 분석이 있습니다.

> **• 자가 분석: 병원의 내부 문제부터 점검**
> -온라인 리뷰와 후기를 살펴보면서 환자 반응을 분석하고 불만 요소를 찾아야 합니다.
> -예약률, 재방문율, 소개 환자 비율 등을 데이터화해 어떤 지점에서 문제가 발생하는지 확인해야 합니다.
> -직원 응대, 치료 후 관리 시스템, 대기시간 등 환자 경험에 영향을 주는 요소를 면밀히 점검해야 합니다.

- **경쟁 분석: 주변 병원의 변화 확인**

-경쟁 병원의 리뷰를 점검하고 환자들이 어떤 점을 긍정적으로 평가하는지 분석합니다.

-신규 병원이 생겼다면 어떤 차별점을 가지고 시장에 들어왔는지 파악합니다.

-내가 강점이라고 생각했던 요소가 경쟁 병원에서도 이미 기본이 되고 있다면, 새로운 차별화 전략이 필요합니다.

- **환경 분석: 경제적·사회적 변화 이해**

-경제 상황, 지역 상권 변화, 환자들의 소비 패턴 변화를 분석해야 합니다.

-환자들의 지출 패턴 변화가 매출에 직접적인 영향을 미칠 수 있습니다.

-전체적인 시장의 흐름을 이해하고, 환자들의 니즈(Needs) 변화에 빠르게 대응해야 합니다.

원인을 찾았다면 해결할 방법을 결정해야 합니다. 문제가 발견됐을 때 제거할 수 있는 원인이라면 즉시 개선해야 합니다. 예를 들어, 리뷰에서 반복적으로 나오는 불만 사항이 있다면, 해당 문제를 해결하는 것이 가장 빠른 방법입니다. 하지만 제거할 수 없는 원인이라면, 내 강점을 더 강화하는 방향으로 가야 합니다. 경쟁 병원이 늘어나거나 경제 상황이 어려운 것은 우리가 직접 바꿀 수 없습니다. 하지만 우리 병원의 차별점과 경쟁력을 강화하는 것은 가능합니다. 매출이 줄어들 었다고 불안해하기보다, 정확한 데이터를 기반으로 문제를 진단하고 해결할 수 있는 부분과 강화할 부분을 구분하는 것이 핵심입니다.

이를 위해 전년도 및 그 전년도의 월별 매출 변화를 관찰해 병원 고유의 성수기·비수기 사이클을 파악하고(개별 병원의 사이클), 나이스비즈맵 같은 서비스를 통해 우리 지역의 최근 6개월간 시장 규모 변화를 확인하며(지역의 매크로 사이클), 블랙키위 같은 키워드 검색량 조회 사이트에서 '동네+치과' 키워드 검색량 트렌드를 파악해(전체 파이 변화) 현재 상황을 다각도로 분석해야 합니다. 남들과 비교해 위안을 삼는 것이 아니라, 이전의 나와 비교하고 시장 전체의 흐름 속에서 우리 병원의 위치를 정확하게 파악하는 것이 중요합니다.

4) 우리 치과 인지도 자가 진단법(검색량, 카페 언급, 택시 테스트)

우리 치과를 얼마나 많은 사람들이 알고 있을까요? 많은 원장님과 이야기해 보면 "그래도 동네 사람들은 다 알지 않을까요?"라는 대답을 많이 듣습니다. 하지만 이 말은 대부분 처절할 정도로 틀린 경우가 많습니다. 우리 치과 인지도를 가볍게 파악할 수 있는 세 가지 방법을 소개합니다.

- **검색량 조회하기:** 블랙키위 같은 사이트에서 우리 치과 이름을 검색해 봅니다. 사람들이 한 달에 우리 치과를 몇 번이나 검색하는지 알 수 있습니다. 만약 결과값이 100이라면, 하루에 3명 정도가 우리 치과를 검색하는 것입니다.

- **네이버 카페 바이럴 양 검색하기:** 네이버에 우리 치과 이름을 검색하고, 상단 탭을 '카페', 그리고 정렬 기준을 '최신순'으로 설정합니다. 이렇게 하면 각 지역 커뮤니티에서 우리 치과가 얼마나 언급되고 있는지 파악할 수 있습니다.

- **택시 타고 목적지 말하기:** '육일약국 갑시다'에서 배운 최고의 방법입니다. 택시를 타고 우리 치과를 목적지로 말했을 때, 몇 분이 우리 치과를 알고 있는지 파악해 보는 것입니다.

이런 과정을 거쳐보면, 우리 치과 인지도가 생각보다 아주 미약하다는 것을 알게 되는 경우가 많습니다. 사업은 알리는 능력이 필수입니다. 전 국민이 다 아는 유명 배우조차 새로운 영화가 나오면 무대인사 등으로 바쁩니다. 사업을 함에 있어서 치과를 알릴 필요가 없다거나, 마케팅이 필요 없다는 생각은 오만한 판단일 수 있다는 것을 꼭 알아야 합니다.

5) 네이버 예약 데이터로 병원 혼잡도 예측하기

치과가 얼마나 바쁠지 판단할 때, 많은 원장님이 덴트웹이나 다른 전자차트상의 예약표를 기준으로 삼습니다. 하지만 예약표만으로는 그날의 진짜 바쁨을 파악하기 어렵습니다. 예약이 꽉 차 있다고 해도, 당일 취소나 예약 변경이 많은 날은 하나도 바쁘지 않을 수 있습니다. 마음 아프지만, 풀마우스 환자가 당일 노쇼를 한다면 어떨까요? 반대로 예약표가 한가해 보여도 당일 접수 구환이나 신환이 몰리면 정신없이 바빠지기도 합니다. 갑자기 풀마우스 환자가 "오늘 수술해 주세요."하고 찾아온다면 상황은 예측과 달라집니다.

그렇다면 치과의 바쁨을 현실적으로 어떻게 예측할 수 있을까요? 이때 가장 유용한 지표 중 하나가 '네이버 예약'입니다. 네이버 예약이 다른 날보다 많다면, 그날은 예약 취소 환자보다 당일 접수 환자가 더 많을 가능성이 큽니다. 반대로 네이버 예약이 적다면, 예약 취소 환자가 더 많을 가능성이 있습니다. 이 두 가지는 생각보다 아주 긴밀하게 연관되어 있습니다.

우리 치과의 네이버 예약이 우리 지역의 전체 네이버 예약에서 차지하는 점유율이 있을 것입니다. 내가 특별한 액션을 취하지 않았다면 그 점유율은 크게 변하지 않겠죠. 그런데 어느 날 우리 병원의 네이버 예약에 더 많은 환자가 몰린다는 것은, 그날 그 동네에 치과를 가려는 사람이 많은 날이라는 뜻일 수 있습니다. 이는 곧 환자가 몰릴 가능성이 높은 날이라는 신호이기도 합니다. 즉, 예약표만 보고 판단하기보다는 네이버 예약 데이터를 참고하는 것이 더 정확한 예측을 하는 데 도움이 됩니다.

아직도 네이버 예약을 활용하지 않고 있다면, 한 가지 분명한 사실을 알아야 합니다. 네이버 예약은 치과 운영의 흐름을 읽는 중요한 도구라는 것입니다. 이를 무시한다면, 치과의 진짜 혼잡도를 예측하기 어렵고, 효과적인 대처도 어려울 수 있습니다. 만약 네이버 예약을 아직도 사용하지 않고 있다면, 바로 도입하실 것을 추천합니다. 예약 채널로서의 강력함은 물론이고, 병원 운영의 예측 가능성을 높여주는 중요한 데이터 소스가 될 수 있습니다.

2
'시스템' 제대로 이해하고 구축하기

데이터를 통해 병원의 현주소를 파악했다면, 다음은 지속적인 성장과 안정적인 운영을 위한 '시스템'을 구축하는 것입니다. 많은 원장님이 '시스템'이라는 단어를 자주 사용하지만, 그 의미를 정확히 이해하고 효과적으로 구축하는 경우는 드뭅니다.

1) 시스템의 오해와 진실: 행동 매뉴얼과 구성원의 체화

다들 "시스템이 없다.", "시스템이 필요하다.", "시스템이 엉망이다." 라고 외칩니다. 하지만 시스템이 뭔지, 시스템이 정착되기 위해서 가장 중요한 게 뭔지를 모르는 경우가 태반입니다.(치과의사 사이에서 가장 근본 없이 막 쓰이는 단어 3대장을 꼽자면 '시스템', '브랜딩', '마케팅'일 것입니다.)

시스템이라는 단어를 네이버에 검색해 보면 어학사전 정의는 '필요한 기능을 실현하기 위하여 관련 요소를 어떤 법칙에 따라 조합한 집합체'라고 나옵니다. 우리 실정에 맞게 조금 더 요약해 보면, 필요한 기능을 위한 요소의 조합이며, 그 요소에는 하드웨어, 소프트웨어, 그리고 이를 운영하는 휴먼웨어(인력), 세 가지가 필요할 것입니다.

치과 단위에서 가장 현실적인 시스템은 바로 '행동 매뉴얼'과 그 매뉴얼을 수행하는 '인력'으로 구성됩니다. 매뉴얼이라는 단어가 반복되니 많은 원장님이 매뉴얼 제작 자체에 집착하거나, 좋은 매뉴얼을 구하기 위해 노력합니다. 하지만 정말 중요한 것은 매뉴얼 그 자체가 아닙니다. 구성원에게 체화된 규칙은 매뉴얼 없이도 잘 굴러갑니다. 결국 가장 중요한 것은 구성원에게 어떤 행동의 '목적'을 이해시키고, 그 행동이 어떤 상황에서도 일관되게 이루어지도록 설득과 체화의 과정을 반복하는 것입니다. 이 과정이 없는 매뉴얼은 아무 가치 없는 종이 쪼가리에 지나지 않습니다. 그리고 이러한 행동 규칙의 체화를 위해 가장 중요한 것은 원장님의 행동입니다. 어떤 규칙을 지켜나

감에 있어서 원장이 바쁘다고 생략하거나, 까먹어서 생략하는 모습을 본 직원이 그 규칙을 체화할 가능성은 제로에 가깝습니다. 결국 시스템을 위해서 가장 중요한 것은 원장의 끝없는 설득과 몸소 실천하는 모범입니다.

2) 페이션트 퍼널이란 무엇인가?(환자 여정 최적화 시스템)

'페이션트 퍼널(Patient Funnel)'은 혁명적인 치과 개선 도구라고 감히 말씀드릴 수 있습니다.(혁명적이라는 것은 그전에 존재하지 않았고, 또 지금의 상황에서 아주 잘 작동해야 한다는 의미를 담고 있습니다.) 이 개념은 마케팅에서 사용하는 '퍼널(Funnel, 깔때기)'에서 따왔지만, 치과 상황에 맞게 적용한 것입니다.

일반적인 마케팅에서 퍼널이란 고객이 우리를 인지하고 구매하기까지의 과정, 즉 '고객 여정(Customer Journey)'에 관한 것입니다. 예를 들어, 인스타그램에서 어떤 상품 광고를 보고 해당 상품 링크를 눌러 홈페이지 랜딩 페이지를 조회하고, 그 내용에 흥미가 생겨 물건을 구매하기까지를 하나의 여정으로 볼 수 있습니다. 이 여정을 시각화한 것이 마케팅 퍼널입니다. 광고를 한다고 해서 모든 사람이 그 광고를 보지 않고, 광고를 본다고 해서 모두가 링크를 누르거나 구매하지 않는 것처럼, 각 단계를 거치면서 남아있는 사람의 숫자가 줄어들기 때문에 깔때기 모양을 띠게 됩니다.

이 퍼널 개념을 병원에 적용한 것이 페이션트 퍼널입니다. 환자가 우리 병원을 인지하고 찾아와서 진료받고, 궁극적으로 다른 환자를 소개할 때까지는 수많은 단계를 거쳐야 합니다. 세상은 아는 만큼 볼 수 있고, 볼 수 있는 만큼 개선할 수 있습니다. 따라서 환자의 여정을 다음과 같이 10단계로 자세하게 나누어 분류합니다.

1. 인지: 잠재 환자가 우리 치과를 알게 되는 단계
2. 관심: 우리 치과에 대한 정보를 바탕으로 호감을 느끼는 단계
3. 예약: 실제 내원을 위해 예약하는 단계
4. 방문: 예약 후 치과에 처음 방문해 경험하는 모든 것
5. 대기: 진료 시작 전 대기실에서의 경험
6. 진단: 의사에게 처음 진찰받는 과정
7. 상담: 진단 결과와 치료 계획에 대해 상담하는 과정
8. 진료: 실제 치료가 이뤄지는 과정에서 느끼는 모든 경험
9. 관리: 치료 종료 후 또는 진행 중 정기적인 관리 및 소통 과정
10. 소개: 만족한 환자가 자발적으로 다른 사람에게 우리 치과를 추천하는 과정

페이션트 퍼널의 목적은 각 단계에서 다음 단계로 넘어갈 때 발생하는 환자의 '유실'을 줄여, 최종 단계인 '소개 환자' 수를 늘리는 것입니다. 퍼널을 설계한다는 것은 퍼널로의 유입을 늘리는 것도 중요하지만, 더 중요한 것은 각 단계에서의 유실을 최소화하는 것입니다. 유실이 줄어든다면 최종 결과물이 늘어날 테니까요. 결과적으로 페이션트 퍼널이 최적화되면, 퍼널의 최종 정착지인 소개 환자가 늘어나게 됩니다. 소개 환자가 얼마나 강력한지는 더 말씀드리지 않아도 잘 아실 것입니다.

3) 무너지는 시스템을 지켜라 : 경영의 본질은 지속적인 보수

많은 원장님이 시스템을 구축할 때 큰 착각을 합니다. 한번 잘 만들어두면 영원히 저절로 굴러갈 것이라고 믿는 것입니다. 하지만 세상의 모든 시스템은 '엔트로피(Entropy)'의 법칙을 따릅니다. 엔트로피란, 모든 것은 질서 있는 상태에서 무질서한 상태로, 가만히 놔두면 서서히 붕괴하는 방향으로 흐른다는 물리 법칙입니다.

병원 시스템도 마찬가지입니다. 우리가 아무런 노력을 기울이지 않으면, 시스템은 100%의 확률로 무너집니다. 처음에는 잘 지켜지던 규칙이 조금씩 희미해지고, 직원들의 열정은 서서히 식으며, 환자 경험의 디테일은 무뎌집니다. 이것이 엔트로피의 자연스러운 과정입니다.

따라서 경영자의 가장 중요한 역할은, 이렇게 무너져 내리려는 시스템에 지속적으로 에너지를 투입하여 엔트로피의 증가를 막는 것입니다. 그 에너지가 바로 '관심', '점검', '측정', '피드백', '개선'입니다. 이것이 바로 시스템을 지키는 '보수' 활동이며, 어쩌면 경영의 가장 중요한 본질일지 모릅니다. 시스템을 만드는 것은 시작일 뿐, 진짜 경영은 그것을 지키고 보수하는 지루하고 지난한 과정 속에 있습니다.

4) 개선과 혁신의 차이: 균형 잡힌 발전 전략

병원을 더 나은 방향으로 이끌기 위한 노력은 크게 '개선(Improvement)'과 '혁신(Innovation)'으로 나눌 수 있습니다. 이 둘의 차이를 이해하고 균형을 맞추는 것이 중요합니다.

'개선'은 현재의 시스템, 절차, 혹은 서비스를 조금씩 더 나은 방향으로 조정하는 과정입니다. 예를 들어, 환자 응대 시간을 단축하거나 기존 치료 절차를 효율화하는 작은 변화가 이에 해당합니다. 개선은 비교적 리스크가 낮고 점진적이기 때문에 단기적인 효과를 낼 수 있으며, 주로 안정적인 성과 향상을 목표로 합니다.

'혁신'은 기존의 틀을 벗어나 완전히 새로운 시스템이나 방식으로 전환하는 것을 의미합니다. 예를 들어, 아날로그 차트를 완전한 디지털 진료 시스템으로 전환하거나, 병원의 비즈니스 모델 자체를 완전히 새롭게 구성하는 것이 혁신에 해당합니다. 혁신은 상대적으로 리스크가 크지만, 성공할 경우 병원의 구조와 가치 체계를 근본적으로 변화

시켜 경쟁력을 극대화할 수 있습니다.

개선만 존재하는 병원은 점차 고루해지고, 시장의 변화에 뒤처질 수 있습니다. 반대로, 검증되지 않은 혁신만 추구하는 병원은 자칫 본래의 정체성을 잃거나 운영상의 혼란을 겪을 수 있습니다. 중요한 것은 병원의 현재 상황과 장기적인 비전에 맞춰 개선과 혁신의 균형을 유지하는 것입니다. 결국 병원 경영에서 개선은 단기적 안정과 효율성을 제공하고, 혁신은 장기적 경쟁력과 차별화를 확보하는 데 기여합니다. 이 두 가지를 조화롭게 적용함으로써, 환자에게 더 나은 경험과 결과를 제공하고 지속 가능한 성장을 이룰 수 있을 것입니다.

5) 아이디어 실행과 관리: 비전 부합, 빠른 실행, 구성원 동의, 지속 보완

문득 치과를 개선할 수 있는 좋은 아이디어가 떠오를 때가 있습니다. 하지만 이 아이디어가 실제로 치과에 도움이 되려면 다음 부분이 만족돼야 합니다.

- **아이디어가 치과의 비전과 방향성에 부합할 것:** 아무리 좋은 아이디어라도 우리 치과의 궁극적인 목표나 핵심 가치와 어긋난다면 실행하지 않는 것이 좋습니다. 다른 치과에서 성공한 사례라고 해서 무작정 따라 하는 것은 위험합니다.

- **빠른 실행과 검증:** 아이디어가 떠올랐다면 가능한 한 빠르게 실행에 옮기는 것이 중요합니다. 처음부터 완벽한 아이디어는 없으며, 실행하지 않으면 단점을 찾을 수도 없고, 따라서 개선할 수도 없습니다. 가볍게 실행해 보고, 그 결과를 바탕으로 아이디어를 폐기하거나 개선해야 합니다.

- **구성원의 이해와 동의:** 어떤 아이디어는 원장 혼자 실행할 수도 있지만, 대부분은 직원의 협조와 실행이 필요합니다. 따라서 아이디어를 실행하기 전에 구성원에게 그 목적과 이유에 대해 충분히 설명하고 이해를 구하며, 가능하다면 그들의 의견을 수렴해 함께 만들어 가는 과정이 필요합니다.

- **지속적인 관찰과 보완:** 어떤 개선안을 실행하기로 하고 "합시다!"라고 말하는 것만으로는 부족합니다. 그렇게 시작된 아이디어는

보통 2주만 가도 오래 버틴 것입니다. 실행된 아이디어는 지속적으로 관찰하고, 그 결과를 기록하고, 정기적으로 보고받고, 필요하다면 계속해서 개선해야 합니다. 그렇지 않으면 초기의 좋은 의도와는 달리 흐지부지되거나 오히려 부정적인 결과를 초래할 수 있습니다.

3

성장을 위한 의사결정
: 수비가 아닌 공격 1

　세상에는 두 종류의 사람이 있습니다. '안되는 이유'부터 찾는 사람과 '어떻게든 되게 할 방법'을 찾는 사람입니다. 이 둘의 차이는 재능이나 환경이 아닌 아주 사소한 '태도'의 차이에서 비롯되지만, 그 결과는 결코 사소하지 않습니다. 평범한 사람과 탁월한 성과를 내는 사람을 가르는 가장 결정적인 분기점이기 때문입니다.

　"시간이 없어서...", "직원들이 안 따라줘서...", "경기가 안 좋아서..."

　이처럼 '안될 이유'를 찾는 것은 너무나 쉽고 편안합니다. 문제의 원인을 외부로 돌리고, 자신의 책임을 면제해 주기 때문입니다. 하지만 성장은 언제나 불편한 길에 있습니다. 그리고 그 길은 바로 '어떻게든 방법을 찾는 태도'에서 시작됩니다.

1) 안될 이유를 찾을 시간에 되게 할 방법을 찾아라

　만약 어떤 문제가 도저히 해결 불가능해 보인다면, 그것은 우리가 잘못된 판 위에서 문제를 풀려고 하기 때문일 가능성이 높습니다. 그럴 때는 판 자체를 바꾸는 질문을 던져야 합니다. '노쇼 환자를 어떻게 줄일까?'가 아니라, '어떻게 하면 환자가 예약 날을 손꼽아 기다리게 만들 수 있을까?'라고 묻는 것입니다. '어떻게 해야 직원들이 내 말을 잘 들을까?'가 아니라, '어떻게 해야 직원들이 스스로 일하고 싶게 만들까?'라고 질문을 바꾸는 순간, 이전에는 보이지 않던 새로운 해결책이 떠오르기 시작합니다. 핑계에 집중하면 현실은 바뀌지 않지만, 방법에 집중하면 현실을 바꿀 수 있습니다.

2) 남이 안 하는 것을 하는 용기: 다른 길, 다른 결과

세상엔 '비슷한 치과'들로 넘쳐납니다. 비슷한 인테리어, 비슷한 마케팅, 비슷한 상담 방식, 비슷한 이벤트를 합니다. 대부분의 사람들은 가장 편하고 안전해 보이는 길, 즉 '남들만큼만 하자.'라는 관성의 길을 따르기 때문입니다. 왜일까요? 실패에 대한 두려움, 남들의 시선에 대한 두려움, 가보지 않은 길에 대한 두려움 때문입니다.

하지만 시장을 선도하고, 대체 불가능한 브랜드가 되는 병원들은 언제나 이 관성을 깨는 용기를 가진 곳들입니다. 남들이 하지 않는 것을 시도하고, 남들이 가지 않는 길을 갑니다.

남극의 펭귄들은 사냥을 위해 바다에 뛰어들어야 하지만, 바다표범과 같은 포식자의 위협 때문에 누구도 먼저 뛰어들지 못하고 머뭇

거립니다. 그때, 무리의 생존을 위해 가장 먼저 용기를 내어 차가운 바닷속으로 뛰어드는 펭귄이 있습니다. 우리는 그를 '퍼스트 펭귄(First Penguin)'이라고 부릅니다. 그는 가장 큰 위험을 감수하지만, 동시에 가장 먼저 먹이를 차지할 기회를 얻습니다.

경영도 마찬가지입니다. 모두가 두려워할 때, 모두가 관성에 젖어 있을 때, 기꺼이 '퍼스트 펭귄'이 되겠다는 용기가 필요합니다. 남들이 '예'라고 할 때 '아니오'라고 말할 수 있는 용기, 남들이 가지 않는 길을 일부러 선택하는 용기, 그 용기가 평범한 치과를 비범한 브랜드로 만듭니다.

3-1
성장을 위한 의사결정
: 수비가 아닌 공격 2

　병원의 현재 상태를 파악하고 기본적인 시스템을 갖추었다면, 이제는 성장을 위한 적극적인 의사결정이 필요합니다. 현상 유지에 급급하거나 문제 발생 시 수비적인 자세만 취해서는 결코 성장을 이룰 수 없습니다. 때로는 익숙한 것에서 벗어나 새로운 시도를 하는 용기가 필요하며, 그 과정에서의 피드백을 성장의 동력으로 삼아야 합니다.

1) 실행이 주는 최고의 선물: 피드백과 성장

　어떤 개선안을 실행하면 그 결과를 알 수 있습니다. 결과가 훌륭할 수도 있고, 영 별로일 수도 있습니다. 훌륭하다면 개선안을 지속적으로 밀고 나가면 더 좋은 결과를 만들 수 있습니다. 반대로 개선안이 별로라서 내 생각처럼 돌아가지 않는다면, 왜 별로인지를 찾아서 그 부분을 다시 수정하거나 개선안을 폐기하면 됩니다. '실행'이라는 간단한 행위를 통해서 개선안을 평가하고 다시 수정할 수 있는 기회를 얻을 수 있지만, 실행하지 않는다면 아무것도 알 수 없고, 아무것도 할 수 없습니다.

　잘되는 기업과 안되는 기업의 의사결정 방식에는 큰 차이가 있습니다. 잘 안되는 기업은 의사결정이 필요할 때 그에 관한 결정을 최대한 미루고 지루한 회의를 반복하는 경우가 많습니다. 잘되는 기업은 의사결정이 필요할 때 회의를 최소화하고, 신속하게(Lean 하게) 결정한 후 피드백을 살핍니다. 어떤 원장님은 실무진 회의에서 바로 결정을 내리지 못하고 "다음 주까지 꼼꼼하게 고민해 봅시다."라는 말을 자주 합니다. 반면 다른 원장님은 "모자란 부분이 있지만, 오케이, 일단 바로 해봅시다!"라고 말합니다. 아마 이 의사 결정력과 실행력의 차이가 잘되는 치과와 그렇지 않은 치과를 가르는 가장 중요한 다름이 아닐까 생각해 봅니다. 원장님은 어느 쪽이신가요?

2) 수비적 해결책 VS 공격적 해결책: 성장은 어려운 길에 있다

일을 해결하는 방향성에는 크게 두 가지가 있습니다. 예를 들어, 치과에 환자가 몰려서 대기시간이 길어진 상황을 가정해 봅시다. 이 문제를 해결하기 위한 첫 번째 방법은 예약과 당일 접수를 제한하는 것입니다. 두 번째 방법은 지금 부족한 리소스(인력, 공간, 장비 등)를 정확히 파악하고 보강하는 것입니다.

전자는 수비적인 해결책이며, 실행하기 쉽고, 즉각적으로 효과를 볼 수 있는 것처럼 보입니다. 반면 후자는 공격적인 해결책이며, 실행하기 어렵고 실행에도 준비와 시간이 필요합니다. 그리고 병원의 '성장'에 어울리는 해결책은 단연코 후자입니다.

반드시 전자의 수비적인 해결책이 필요한 경우도 있습니다. 하지만 이런 방식은 대부분 지금 당장의 문제를 잠시 봉합하는 일시적인 해결책에 지나지 않습니다. 환경을 현재 상황에 억지로 맞추는 방식으로 성장하는 생명체는 없습니다. 가기 어려운 길이 성장에 조금 더 가깝습니다. 이러한 공격적인 방식의 문제 해결은 성장을 위한 '탈피'와도 같습니다. 기존의 틀을 깨고 나와야 더 큰 성장을 이룰 수 있습니다. 경영적인 선택을 해야 하는 상황이라면, 이러한 부분을 고려해 단기적인 편의보다는, 장기적인 성장을 위한 결정을 내리는 것이 중요합니다.

4

병원 규모에 따른 경영 전략의 변화

병원은 살아있는 유기체와 같아서, 성장 단계에 따라 필요한 경영 전략도 달라야 합니다. 작은 의원일 때 효과적이었던 방식이 규모가 커지면 한계에 부딪힐 수 있으며, 이를 인지하지 못하면 성장이 정체될 수도 있습니다.

1) 작은 조직 VS 큰 조직: 우리 병원의 현 단계는?

우리 치과가 큰 조직인지 작은 조직인지 파악하는 기준은 단순히 인원수나 외부 규정이 아니라, 대표원장이나 관리자가 직원 개개인의 성과와 업무 방식을 직접 확인할 수 있는지 여부에 달려 있습니다.

- **작은 조직의 특징:** 관리자가 모든 직원의 업무와 성과를 눈으로 직접 확인할 수 있습니다. 업무 진행 상황이나 개개인의 퍼포먼스가 명확히 보여, 즉각적인 피드백과 관리가 가능하고, 직원 소통도 빠르고 직접적으로 이루어집니다. 이러한 환경에서는 관리자가 개입해야 할 문제나 개선점이 즉시 파악되며, 직원 행동을 바로잡거나 격려하는 등 직접적인 리더십을 발휘하기 쉽습니다.

- **큰 조직의 특징:** 관리자 눈에 보이지 않는 부분이 점차 늘어납니다. 어느 순간부터 직원 개개인의 퍼포먼스를 직접 확인하기 어렵고, 일부 정보는 보고나 기록을 통해 간접적으로 알게 됩니다. 누군가의 성과나 문제를 나의 눈과 귀가 아닌 보고서를 통해 듣는 시점부터 큰 조직의 특성이 나타납니다. 이 경우, 체계적인 성과 관리 시스템, 팀 리더를 통한 보고 체계, 정기적인 부서별 회의 등이 필요하며, 보다 조직적이고 시스템적인 관리 방법이 요구됩니다.

결론적으로, 우리 치과가 작은 조직인지 큰 조직인지 파악하는 방법은 내가 직원들의 행동과 성과를 직접 볼 수 있는지, 아니면 간접적인 보고와 기록으로 주로 알게 되는지에 달려 있습니다. 이러한 기준을 통해 현재 우리 치과가 어느 정도의 관리 방식을 요구하는지를 파악하고, 그에 적합한 관리 방법을 적용해야 합니다.

2) 성장 단계별(매출 10억 원, 50억 원, 100억 원) 전략은 완전히 달라야 한다

병원의 목표 매출 규모에 따라 그 목표를 이루기 위한 전략은 완전히 달라야 합니다. 다시 강조하지만, 모든 것이 달라집니다. 연 매출 10억 원을 위한 전략, 50억 원을 위한 전략, 100억 원을 위한 전략은 아예 그 형태와 접근 방식이 다릅니다.

많은 경우, 이전 단계에서 성공했던 전략을 단순히 더 열심히, 더 많이 반복한다고 해서 다음 단계의 목표를 이룰 수 있는 것은 아닙니다. 매출 10억 원을 달성하게 해준 전략을 더 갈고닦는다고 해서 자연스럽게 50억 원 매출 병원이 되는 것은 아니라는 의미입니다. 그리고 이 부분이 바로 많은 병원의 성장이 갑자기 멈춰버리는 포인트이기도 합니다.

기존에 잘 먹혔던 전략을 계속 답습하고 있는데 더 이상 병원이 성장하지 않는다면, 외부 환경이나 다른 부분의 문제일 수도 있지만,

현재 병원 규모와 목표에 맞지 않는 '전략의 문제'일 확률이 매우 높습니다. 이전에는 하지 않았던 새로운 일을 하기 시작해야, 이전에는 얻지 못했던 새로운 결과를 얻을 수 있습니다. 병원 성장에 따라 대표원장의 역할, 조직 구조, 마케팅 방식, 환자 관리 시스템 등 모든 것이 함께 진화해야 합니다.

3) 현상 유지는 퇴보: 성장을 목표로 해야 하는 이유

어느 정도 병원이 안정 궤도에 오르고 나면, 많은 원장님이 '현상 유지'라는 달콤한 유혹에 빠집니다. 더 이상 새로운 시도를 하는 것이 귀찮고, 지금의 성공에 안주하고 싶어집니다. 하지만 경영의 세계에서 현상 유지는 편안한 휴식이 아니라, 보이지 않는 퇴보의 다른 이름일 뿐입니다.

루이스 캐럴의 소설 <거울 나라의 앨리스>에는 '붉은 여왕 효과(Red Queen Effect)'라는 개념이 나옵니다. 붉은 여왕이 앨리스의 손을 잡고 미친 듯이 달리지만, 주변 풍경은 조금도 변하지 않습니다. 앨리스가 숨을 헐떡이며 묻자, 붉은 여왕은 이렇게 답합니다. "여기는 제자리에 머물러 있으려면 온 힘을 다해 달려야 하는 곳이란다."

병원 경영도 마찬가지입니다. 내 주변의 모든 경쟁자들이 끊임없이 달리고 있기 때문에, 내가 제자리에 멈춰 서 있는 것은 사실상 뒷걸음질 치는 것과 같습니다. 시장은 변하고, 환자의 요구는 진화하며, 새로운 기술은 계속해서 등장합니다. 이 변화의 속도에 맞춰 함께 달리지 않으면, 나도 모르는 사이에 저만치 뒤처지게 되는 것입니다.

경영에는 '현상 유지'라는 중간 지대가 없습니다. 성장 아니면 퇴보, 둘 중 하나뿐입니다. '이만하면 됐다.'라는 안주하는 마음은 성장을 멈추게 하는 가장 달콤한 독입니다. 어제의 성공 방식이 오늘의 성공을 보장해주지 않는다는 사실을 기억하고, 끊임없이 배우고 개선하며 전력을 다해 달려야만 겨우 지금의 자리를 지킬 수 있습니다.

PART 3

환자 중심 경영
- 경험 설계와 관계 구축의 모든 것

데이터를 통해 병원의 현재 상태를 파악하고 기본적인 시스템을 갖추었다면, 이제 병원 경영의 무게 중심을 '환자'로 옮겨야 합니다. 환자가 우리 병원을 처음 인지하는 순간부터 치료를 마치고 만족스러운 경험을 통해 다른 사람에게 추천하기까지, 모든 여정을 세심하게 설계하고 관리하는 것이 중요합니다. 뛰어난 진료는 기본이며, 이제는 환자와의 긍정적인 관계 구축과 차별화된 경험 제공이 병원의 성패를 가르는 시대입니다.

1
페이션트 퍼널 심층 분석
: 단계별 환자 경험 극대화 전략

'페이션트 퍼널(Patient Funnel)'은 환자가 우리 병원과 관계를 시작하는 첫 순간부터 충성 고객이 되기까지의 전 과정을 단계별로 분석하고 최적화하는 틀입니다. 각 단계에서 환자 경험을 극대화함으로써 다음 단계로의 이탈을 최소화하고, 궁극적으로는 자발적인 소개 환자를 늘리는 것이 목표입니다.

1) 인지(Awareness) 단계: 우리의 존재를 어떻게 알리고 있는가?

　페이션트 퍼널의 첫 단계인 '인지'는 잠재 환자가 우리 병원의 존재를 처음 알게 되는 과정입니다. 이 단계는 소비자가 능동적으로 참여하지 않아도 자연스럽게 이루어지는 수동적인 과정일 수 있습니다. 소비자가 병원을 의도적으로 찾지 않아도, 병원이 꾸준히 정보를 제공하고 다양한 채널에서 노출된다면 대중이 병원의 존재를 인지하게 됩니다. 예를 들어, 지역 사회에서의 활동, 온라인상의 유익한 건강 정보 제공, 또는 잘 보이는 간판 등을 통해 병원의 이름과 이미지를 알릴 수 있습니다.

　이 과정에서 가장 중요한 요소는 '지속성'입니다. 환자가 당장 병원이 필요하지 않더라도, 꾸준히 병원에 대한 긍정적이고 유용한 정보를 접하게 되면, 나중에 치과 진료가 필요할 때 우리 병원을 가장 먼저 떠올릴 가능성이 높아집니다. 하지만 단순히 많은 정보를 제공한다고 해서 좋은 결과로 이어지는 것은 아닙니다. 환자에게 불필요하거나 과도한 정보는 오히려 부정적인 이미지를 줄 수 있으며, 특히 소비자가 관심을 가지지 않는 상태에서 지나치게 병원의 존재를 알리려고 한다면 스팸처럼 느껴질 위험이 있습니다. 따라서 단순히 노출을 늘리는 데 집중하기보다는, 소비자가 자연스럽게 병원에 대한 긍정적인 이미지를 가질 수 있도록 유용하고 의미 있는 정보를 제공하는 것이 중요합니다.

2) 관심(Interest) 단계: 환자의 문제에 해결책을 제시하는 법

'인지' 단계를 거쳐 우리 병원의 존재를 알게 된 잠재 환자가 다음 단계로 넘어가기 위해서는 '관심'을 가져야 합니다. 관심은 인지와 달리 소비자가 능동적으로 반응하는 과정을 요구합니다. 병원이 아무리 열심히 정보를 전달해도, 소비자는 병원 서비스가 자신과 관련 있다고 느끼지 않으면 관심을 두지 않습니다. 따라서 관심을 끌기 위해서는 단순히 병원을 홍보하는 것을 넘어, 소비자의 문제를 이해하고 그에 맞는 해결책을 제안해야 합니다.

예를 들어, '우리 병원은 임플란트 전문입니다.'라는 일반적인 메시지보다, '임플란트를 고민하는 분들이 꼭 알아야 할 필수 정보'같이 타깃 고객의 구체적인 필요에 맞춘 콘텐츠가 환자의 관심을 끌 가능성이 훨씬 높습니다. 이 단계에서는 '공감'이 매우 중요한 역할을 합니다. 환자가 병원이 자신의 문제나 고민을 이해하고 있다고 느끼면, 자연스럽게 병원에 대해 더 많은 관심을 가지게 됩니다. 이는 단순히 치료법을 나열하는 것보다 환자 입장에서 고민을 함께 해결하려는 태도를 보여주는 것이 더 효과적이라는 뜻입니다. 성공적인 마케팅은 단순히 소비자가 병원을 아는 데서 끝나는 것이 아니라, 병원이 자신에게 실질적인 가치를 제공할 수 있다는 확신을 심어주는 데 있습니다.

3) 예약·방문·대기 단계: 첫인상을 결정짓는 경험 관리

환자가 우리 병원에 관심을 가지고 실제 내원을 고려하기 시작하면 예약 편의성, 첫 방문 시 경험, 그리고 대기시간 동안의 느낌이 병원의 첫인상을 결정짓고 다음 단계로의 진행에 큰 영향을 미칩니다.

① **문의 및 예약 채널의 중요성:** 환자가 병원에 진료나 예약을 문의할 수 있는 채널은 전화, 카카오톡, 네이버 톡톡, 네이버 예약, 홈페이지 문의, 당근마켓 문의 등 다양합니다. 많은 원장님이 이러한 채널의 중요성을 인지하고 있거나, 신규 개원 시 마케팅 대행사 등을 통해 채널을 '열어두는' 경우가 많습니다.

하지만 여기서 큰 문제가 생기곤 합니다. 열려는 있지만 제대로 관리되지 못하는 채널이 생겨나는 것입니다. 순진하게 '카카오톡 문의 답장이 없으면 전화하겠지.', '전화를 안 받으면 직접 찾아오겠지.'라고 생각할 수 있지만, 현실은 그렇지 않습니다. 관리되지 않는 문의는 대부분 환자의 즉각적인 이탈로 이어집니다. 차라리 네이버 톡톡 채널이 없다면 환자는 카카오톡으로 문의할 수도 있지만, 네이버 톡톡이 열려 있는데 답변이 없다면 환자는 굳이 다른 채널을 찾아 문의하기보다 다른 치과를 찾는 것이 더욱 빠르고 간편하기 때문입니다.

아마 대부분의 원장님은 우리 치과에 연락 가능한 모든 접점을 파악하지 못하고 있거나, 각 채널로 들어오는 문의량이나 응대 상황을 정확히 모르실 겁니다. 지금 당장 우리 치과에 연락 가능한 모든 접점을 찾아보고, 실무진에게 얼마나 많은 문의가 들어오는지, 응대는 신속하고 적절하게 이루어지는지 확인해 보십시오. 그리고 문의량이 현저히 떨어지거나 관리가 어려운 채널은 과감하게 닫는 편이 낫습니다. 없는 것보다도 나쁜 것이 관리되지 않는 것입니다. 응대 속도가 느리거나 모자란 것보다는 차라리 해당 채널을 운영하지 않는 것이 나을 수 있습니다.

② **데스크 응대, 병원의 얼굴:** 정말 많은 환자가 데스크 응대 때문에 우리 치과를 떠나갑니다. 이것은 엄청나게 무섭고 위험한 일입니다. 이 병원은 내 병원인데, 나를 보지도 않고 환자가 떠나간다는 것, 억울하지 않으신가요? 다른 병원을 직접 이용해 보면 얼마나 많은 병원의 데스크 응대가 취약한지 알 수 있습니다. 진료가 너무 받고 싶은데 데스크에서는 환자를 받아주지 않는 듯한 느낌을 받을 때, '대표원장님도 이 사실을 아실까?'라는 생각이 듭니다.

거꾸로, 마치 다른 병원을 이용하는 것처럼 우리 치과 데스크 응대를 점검해 볼 수 있습니다. 지인 이름으로 데스크에 당일 예약을 시도해 보세요. 이때 중요한 것은 충분히 진료가 가능한 상황임에도 데스크에서 다른 예약을 핑계로 다른 날짜 방문을 권유하는지 확인해 보는 것입니다. 특히 진료 접수 마감 시간(점심시간이나 퇴근 시간)이 가까울 때 당일 접수가 가능한지 물어보면 놀라운 일을 경험할 수 있습니다. 많은 치과에서 이 부분에 문제가 발생합니다.

카카오톡이나 네이버 톡톡으로 직접 문의하고 대화해보면서 응대가 신속한지, 응대 내용이 원내 프로토콜을 따르는지, 두 가지를 확인해 보십시오. 답장이 그날 안 오거나 적절하지 못한 이상한 말로 응대할 수도 있으니 충격받지 마시기를 바랍니다. 이러한 테스트 후에는 해당 내용을 혼자 알고 화내기보다 데스크 팀과 공유하고, 미리 챙기지 못한 자신의 책임도 인정하며 앞으로의 개선을 위한 대응책을 함께 논의해야 합니다. 만약 이런 간단한 테스트에서 별다른 이상을 감지하지 못했다면, 그것만으로도 우리 데스크 팀은 정말 잘하고 있는 것이니 반드시 칭찬해주시기 바랍니다. 이러한 테스트는 정기적으로, 예를 들어 매달 체크해 보는 것이 좋습니다.

③**첫 방문과 대기 경험**: 환자가 실제 병원에 방문했을 때 느끼는 물리적 환경과 대기시간 동안의 경험 역시 중요합니다. 깨끗하고 정돈된 공간, 편안한 대기 의자, 적절한 볼거리나 와이파이 제공 등은 환자의 불안감을 줄이고 긍정적인 인상을 심어줄 수 있습니다.(세부적인 환경 조성은 파트 3-5에서 자세히 다룹니다.)

4) 진단·상담 단계: 신뢰를 구축하고 확신을 심어주는 관문

환자의 핵심 질문: "이 병원은 내 문제를 정확히 이해하고, 나에게 가장 좋은 해결책을 제시하는가?"

환자가 병원에 관심을 갖고(관심 단계) 실제로 내원하여(예약·방문·대기 단계) 진료 의자에 앉으면, 이 단계가 본격적으로 시작됩니다. 이 순간 환자는 자신의 상태에 대한 정확한 진단을 받고, 그에 대한 해결책(치료 계획)을 제안받습니다. 이는 단순한 정보 전달을 넘어, 환자가 자신의 몸과 시간, 비용을 이 병원에 맡겨도 될지 최종적으로 결정하는 과정입니다.

이 단계에서 병원의 목표는 '진료 단계'에서 설명할 '보이지 않는 가치'를 환자가 받아들일 수 있도록 절대적인 '신뢰'를 구축하는 것입니다. 아무리 좋은 재료와 술식을 준비해도, 환자가 그 가치를 이해하고 동의하지 않으면 무용지물이기 때문입니다. 따라서 이 단계에서는 환자의 말을 경청하며 문제의 핵심과 숨겨진 니즈를 파악하고, 이를 바탕으로 환자에게 최적화된 치료 계획을 제시하며 깊은 공감대를 형성해야 합니다. 성공적인 진단·상담을 통해 환자에게 확신을 심어주었을 때, 비로소 환자는 만족스러운 '진료 단계'로 나아갈 수 있습니다.

5) 진료 단계: 보이지 않는 가치를 보이게 만드는 기술

　실제 진료가 이루어지는 단계는 환자 경험의 핵심입니다. 뛰어난 임상 실력은 기본이며, 이 과정에서 환자가 자신이 받고 있는 진료의 '가치'를 충분히 인지하고 신뢰를 느낄 수 있게 하는 것이 중요합니다. 많은 경우, 의사는 최선을 다해 진료하지만, 그 노력과 사용된 재료의 우수성, 특별한 술식 등이 환자에게 제대로 전달되지 않아 그 가치가 평가절하되곤 합니다.

　더 좋은 블록을 사용한다면 그 블록이 어떤 점에서 더 좋고, 추후 사용할 때 어떤 이득이 있는지를 정리해서 설명하세요. 마찬가지로 더 좋은 픽스처를 사용한다면 이로 인해 얻을 이득을 설명하세요. 다른 원장님보다 더 신경 쓰는 부분이 있다면 그로 인해 환자가 얻어갈 이득을 설명하세요. 이러한 노력이 환자에게 어떤 도움이 되는지를 고민해 보고, 환자 입장에서 얻을 수 있는 이득을 명확히 전달하기 위해 힘써야 합니다. 인레이를 하면서 우리 블록이 어떤 점에서 우수한지, 어떤 첨단 장비를 사용해 진단 정확도를 높였는지, 통증을 줄이기 위해 어떤 특별한 노력을 기울였는지 등을 구체적으로 설명하는 치과는 많지 않습니다. 기껏해야 "우리 치과는 좋은 재료 써요." 정도입니다. 하지만 좋은 식당에 가면 사과 하나도 '예산 햇사과'라고 설명하듯이, 우리가 제공하는 진료 가치를 구체적으로 설명하고 보여줄 때, 환자는 그 가치를 실감하고 비싸다는 느낌 대신 제대로 된 서비스를 받고 있다는 만족감을 느끼게 됩니다.

6) 관리·소개 단계: 페이션트 퍼널의 최종 목적지

진료가 성공적으로 마무리되었다고 해서 환자와의 관계가 끝나는 것이 아닙니다. 오히려 이제부터가 장기적인 관계 구축과 자발적인 '소개'를 이끌어낼 수 있는 중요한 시점입니다. 치료 후 세심한 관리, 정기적인 검진 안내, 그리고 환자가 만족스러운 경험을 바탕으로 주변에 우리 병원을 자연스럽게 추천하도록 유도하는 모든 활동이 이 단계에 포함됩니다. 페이션트 퍼널의 궁극적인 목표는 바로 이 '소개 환자'를 지속적으로 창출해, 광고에 의존하지 않는 선순환 구조의 성장을 이루는 것입니다.(이 부분은 'CRM 심화' 및 '컴플레인 관리' 파트에서 더욱 자세히 다루겠습니다.)

2
상담의 기술
: 환자의 마음을 얻고 동의율을 높이는 대화법 1

　환자 상담은 단순히 치료 계획을 전달하는 시간이 아니라, 신뢰를 구축하고 환자의 적극적인 참여를 이끌어내는 매우 중요한 과정입니다. 동일한 내용이라도 어떻게 전달하느냐에 따라 환자의 반응과 치료 동의율은 크게 달라질 수 있습니다.

1) 설명의 레벨: 당신의 설명은 환자에게 어떻게 전달되는가?

환자를 위한 설명에도 다양한 레벨이 있으며, 당연히 레벨이 높을수록 환자에게 좋은 경험을 제공하고 치료 동의율을 높일 수 있습니다.

- **최저 레벨- 설명의 부재**: 진단 결과만 간략히 통보하거나, 거의 설명 없이 바로 치료를 시작하는 경우입니다. 환자는 자신이 어떤 상태인지, 왜 이 치료가 필요한지 전혀 이해하지 못한 채 불안감만 느끼게 됩니다.

- **저 레벨- 어려운 전문용어 위주의 설명**: 설명을 열심히 하지만, 치과에서 일상적으로 사용하는 전문용어나 어려운 의학 용어를 그대로 사용해 환자가 이해하기 어렵게 만드는 경우입니다. 환자의 이해에 대한 배려가 부족한 상황입니다.

- **중 레벨- 환자 눈높이에 맞춘 쉬운 설명**: 환자 입장과 이해 수준을 고려해 어려운 내용을 쉬운 표현과 비유를 사용해 설명하는 경우입니다. '신경치료라는 것을 환자에게 어떻게 쉽게 이해시킬 수 있을까?', '치수염을 어떻게 쉽게 설명할 수 있을까?'같이 환자에 대한 관심과 고민 끝에 다듬어진 설명이 가능합니다. 이 단계까지만

와도 다른 병원과 완전히 차별화된 설명을 제공할 수 있습니다

• **고 레벨- 경청과 질문을 통한 양방향 소통**: 일방적인 설명에서 더 나아가, 환자에게 질문할 기회를 충분히 주고, 환자 이야기를 적극적으로 경청하며 궁금증과 의구심이 남지 않도록 하는 단계입니다. 내가 하고 싶은 말을 하는 것이 아니라, 환자가 진정으로 궁금해하고 듣고 싶어 하는 말을 해줄 수 있게 됩니다. 좋은 대화의 기본은 언제나 잘 듣는 것임을 기억해야 합니다.

• **천상계 레벨- 시각 자료를 활용한 직관적 이해 도모**: 오랜 경험을 바탕으로 설명에 필요한 각종 이미지, 동영상, 모델 등의 시각 자료를 미리 준비하고, 적절한 상황에서 말로만 설명하기보다 자료를 통해 직관적으로 보여 줌으로써 환자 이해도를 극대화하는 경지입니다. '백문이 불여일견'이라는 말이 현실이 되는 단계입니다.

환자에게 어떤 수준의 설명을 제공하고 있는지 스스로 점검해보고, 더 높은 레벨의 설명을 제공하기 위해 노력하는 것은 환자 만족도와 신뢰도를 높이는 핵심적인 방법입니다.

2-1
상담의 기술
: 환자의 마음을 얻고 동의율을 높이는 대화법 2

환자 상담은 단순한 정보 전달을 넘어, 신뢰를 쌓고 공감대를 형성하며, 궁극적으로 환자가 올바른 치료 결정을 내리도록 돕는 예술과도 같습니다. 다음은 상담의 질을 한 차원 높일 수 있는 핵심 원칙과 기술들입니다.

1) 강의가 아닌 상담을 하라: 환자의 삶에 집중하기

　우리는 환자를 처음 만나서 진단을 하고 그 내용을 바탕으로 '상담'을 합니다. 여기서 중요한 것은 진단 내용을 일방적으로 '강의'하는 것이 아니라는 점입니다. '상담'의 사전적 의미는 '문제를 해결하거나 궁금증을 풀기 위하여 서로 의논함'이며, '강의'는 '일정한 내용을 체계적으로 설명하여 가르침'입니다. 좋은 상담은 내 지식을 일방적으로 주입하는 것이 아닙니다. 우리가 주목해야 할 단어는 바로 '서로'라는 말입니다.

　내가 의사 입장에서 내린 진단은 우리가 배운 의학이라는 세계관 안에서는 정답에 가까울 것입니다. 하지만 그 진단이 환자의 삶이라는 더 넓은 세계관을 만나면, 우리의 진단은 정답이 아닐지도 모르고, 때로는 오답이 될 수도 있습니다. 우리의 진단은 치의학이라는 세계관에서는 가장 주요하고 중요하겠지만, 환자의 삶에서는 그렇지 못한 경우가 아주 많습니다. 환자의 경제적 상황, 시간적 제약, 개인적인 감정, 가족의 의견 등이 우리의 의학적 진단보다 우선시될 수 있습니다. 때문에 진단 내용을 강의하는 것이 아니라, 진단 내용을 가지고 환자와 '상담'해야 합니다. 진단과 환자의 삶을 함께 나눠보며 우선순위를 정하고, 진단의 중요성을 환자가 충분히 인지하도록 도우며, 궁극적으로 환자의 진짜 문제를 해결할 수 있게 도와야 합니다. 이것이 바로 진정한 의미의 상담입니다. '왜 환자들은 내 말을 듣지 않을까?', '왜 환자들은 이렇게 중요한 치료를 하지 않을까?'라는 의문이 든다면, 혹시 내가 일방적인 강의를 하고 있지는 않은지 돌아봐야 합니다. 환자의 삶의 이야기를 먼저 듣고, 그들의 상황을 더 중요하게 여겨보십시오. 그때부터 진정한 상담이 시작됩니다.

2) 듣기의 중요성: 질문으로 환자의 마음 열기

이야기를 잘하는 것의 시작은 잘 들어주는 것입니다. 파티에서 잘 듣기만 해도 상대방은 나를 달변가로 생각한다는 실험 결과도 있을 만큼, 대화에서 듣는 것은 중요합니다. 하물며 진단 상담에서는 듣는 것이 더욱 중요합니다.(우리가 전문가이기 때문에 대화를 주도해야 한다는 착각을 하기 쉽습니다.)

우리가 하는 진단 상담은 환자의 상태를 알아차리고 그에 맞는 치료 방법을 제시하는 과정입니다. 여기서 환자의 상태는 단지 치아 상태만을 의미하지 않습니다. 나이를 먹을수록, 더욱 많은 환자를 볼수록 치아 상태가 아닌 그 사람의 전체적인 상태를 파악하는 것이 중요하다는 것을 깨닫게 됩니다. 치아 상태가 나쁘게 된 이유를 환자의 생활 습관, 스트레스 수준, 전신 질환 등 다양한 이유에서 찾을 수 있다면, 더욱 적합한 치료 계획을 세우고 압도적인 치료 경험을 제공하는 단초가 됩니다. 이런 환자의 상태를 파악하기 위해서 우리는 먼저 들어야 합니다.

때로는 환자가 의학적인 진단에 직접적으로 필요해 보이지 않는, 심지어 '헛소리'처럼 느껴지는 말을 할 때가 있습니다. 많은 원장님이 그런 말을 자르고 그 안에서 의학적인 진단에 필요한 부분만을 캐치하는 것을 경력자의 태도 혹은 테크닉이라고 생각하는 것 같습니다. 하지만 그런 방식은 틀렸을 수 있습니다. 환자의 말에는 환자를 이해할 수 있는, 그리고 환자의 진짜 상태를 알아차릴 수 있는 정말 많은 재료가 들어있습니다.

잘 들으려면 어떻게 해야 할까요? 바로 환자에게 말할 기회를 줘야 합니다. 그리고 말할 기회를 주는 가장 좋은 방법은 바로 '질문'을 하는 것입니다.

3) 마법의 한 문장 "더 궁금한 것 없으세요?"

질문 중에서도 가장 중요한, 상담 동의율을 극한으로 끌어올릴 수 있는 마법 같은 질문이 하나 있습니다. 바로 상담 말미에 묻는 "더 궁금한 것 없으세요?"입니다.

환자도 처음에는 본인이 무엇을 물어봐야 할지, 어떤 말을 해야 하는지 잘 모르는 경우가 많습니다. 설명을 듣다 보면 어느 정도 본인 상태에 대해서 감이 잡히고, 자연스럽게 물어볼 거리들이 생각납니다. 따라서 마지막에 우리가 물어보는 "더 궁금한 것 없으세요?"라는 질문은, 환자가 마음속에 담아두었던 진짜 궁금증이나 불안감을 꺼내

놓을 수 있게 하는 아주 중요한 질문이 됩니다. 의사의 설명을 듣고서야 비로소 생각나는 궁금증, 의사의 설명을 들었음에도 불구하고 여전히 남아있는 의문, 이런 것들이 해결되지 않은 채로 좋은 치료 경험을 전달할 수는 없습니다.

아직 이 마무리 질문을 사용하지 않고 계시다면 오늘부터라도 꼭 사용해보시기 바랍니다. 갑자기 밝아지는 환자의 표정, 갑자기 살아나는 환자의 눈동자, 갑자기 말이 많아지는 환자의 입 등을 관찰할 수 있을 것입니다. 그리고 그런 환자의 만족은 결국 우리 치과를 성장시키는 밑거름이 됩니다. 환자에게 좋은 경험을 주고, 이로 인해 우리 치과가 잘 되는 것, 이것만큼 좋은 선순환이 있을까요? 항상 마법 같은 일은 별거 아닌 것처럼 보이는 작은 시도에서부터 시작됩니다.

4) 시각 자료의 힘: 백문이 불여일견(덴탈 커넥트 활용)

위대한 설명 자료는 그 자체로 강력한 설득 도구입니다. 그럼에도 불구하고 설명을 위한 다양한 자료 없이 굴러가는 치과가 많습니다. 그래서 '아니, 설명 자료 같은 게 굳이 필요해?'라고 생각하는 분도 있을지 모릅니다. 하지만 설명 자료는 당연히, 그리고 반드시 필요합니다. 특히 치과의 성장을 기대한다면 더욱 그렇습니다. 철근 콘크리트에서 철근 몇 개 빼먹어도 당장은 아무 일도 일어나지 않지만, 문제는 앞으로 무슨 일이 일어날지 모른다는 것입니다. 설명 자료 없는 치과는 마치 철근 없는 철근 콘크리트 같다고 생각하면 됩니다.

치과에서 미리 준비된, 그리고 시각화된 설명 자료는 다음과 같은 중요한 역할을 합니다.

- **설명 퀄리티 상승:** 말보다 이미지가 훨씬 더 빠르고, 효과적으로 전달됩니다. 내가 아무리 현란하게 입으로 설명하는 것보다, 잘 만들어진 이미지나 영상 하나를 보여주는 것이 환자 이해를 돕는 데 훨씬 좋습니다. 설명에 들이는 노력은 줄어드는데, 환자의 이해도와 만족도는 올라가는 마법 같은 일이 일어납니다. 치료 동의율이 함께 올라가는 것은 당연한 결과입니다.

- **직원의 설명 퀄리티 상향 평준화:** 어떤 직원은 상담을 잘하고, 어떤 직원은 상담을 못 합니다. 잘 만들어진 설명 자료는 일종의 가이드라인 역할을 합니다. 길을 아주 잘 찾는 사람도, 길치도 내비게이션 앞에서 동등해지듯이, 설명 자료는 직원의 상담과 응대에 내비게이션 역할을 해 모두가 비슷한 수준의 일관된 톤으로 설명을 할 수 있게 됩니다. 물론 그 설명의 퀄리티는 압도적으로 상향 평준화됩니다.

- **환자 이해도 상승으로 인한 컴플레인의 드라마틱한 감소:** 대부분

의 컴플레인은 서로의 입장이나 상황을 이해하지 못하는 부분에서 발생합니다. 하지만 시각화된 설명 자료를 통해 환자의 이해도가 올라가면, 불필요한 오해가 줄어 컴플레인이 감소합니다. 직접 경험해 보면 그 효과를 실감할 수 있습니다.

• **미리 설명하지 못한 부분에 대해 설명의 권위 부여:** 제가 가장 좋아하는 부분입니다. 살다 보면 설명이 짧고 부실할 때가 있고, 미리 말해야 할 것을 하지 못할 때가 있습니다. 예를 들어 임플란트 수술 후, 볼을 자꾸 씹는다고 환자가 불편을 호소한다고 해봅시다. 만약 미리 충분히 설명하지 않았다면 환자는 엄청난 불만을 표출할 수 있습니다. 그때 단순히 말로만 "원래 그럴 수 있습니다."라고 하면 변명처럼 들립니다. '미리 말하면 명의, 나중에 말하면 머구리'라는 말에서 한발 더 나아가, 잘 준비된 설명 자료를 보여주면서 "원래 이런 불편함이 나타날 수 있습니다. 대부분은 시간이 지나면서 괜찮아집니다."라고 설명한다면, 환자는 '아, 다른 사람들도 원래 그렇구나, 원래 볼을 씹는구나.'라고 이해하게 됩니다.

내 말에 이미지 한 장 추가한 것이 아주 강력한 권위를 부여해 주는 것입니다. 남들은 잘 모르는, 아주 강력한 설명 자료의 힘입니다. 이러한 시각 자료들을 체계적으로 관리하고 활용할 수 있는 '덴탈 커넥트' 같은 플랫폼은 환자 상담의 질을 획기적으로 높이는 데 큰 도움이 됩니다.

5) 상담은 게임이 아니다: 가치 교환으로 윈윈하기

상담에 대해 많은 원장님이 오해하는 것 중 하나가, 상담을 마치 이기고 지는 게임처럼 보는 것입니다. 이러한 관점에서 상담을 이기는 경우는 다음과 같을 것입니다. 첫째, 어떻게든 환자가 진료받게 만들기. 둘째, 할인을 최대한 줄여서 가능한 한 높은 비용 받기. 하지만 정말 멋진 상담은 이기고 지는 게임이 아닙니다. 오히려 '가치 교환 게임'으로 패러다임을 바꿔야 합니다.

간단하게 말해, 모든 환자가 가격을 최우선 요소로 두지 않습니다. 가격을 최우선 요소로 두지 않는다는 말은, 그들에게는 다른 더 중요한 요소가 있다는 말이고, 원장과 상담사는 그것이 무엇인지 정확히 찾아낼 줄 알아야 합니다. 그것이 뛰어난 실력일 수도, 편안한 분위기일 수도, 아니면 최소한의 통증일 수도 있습니다. 만약 그들의 최우선 요소가 충족된다면, 더 비싼 곳에서도 기꺼이 치료받을 준비가 된 환자 앞에서 가격에 대해서만 떠드는 것은 최악의 상담이 될 수밖에 없습니다.

반대로 가격이 최우선인 환자라면, 더 많은 할인과 환자가 해줄 수 있는 '소개'를 맞바꾸는 전략도 고려해 볼 수 있습니다. 여기서 소개를 강요하거나 개런티하자는 것이 아니라, "특별히 더 할인해 드릴 테니, 치료 잘 받으시고, 주변에 좋은 말씀 많이 부탁드립니다." 정도로 부드럽게 얘기하는 것입니다. 환자 기분도 좋아지고, 상담사 시간도 벌고, 병원에는 잠재적인 신환 유입의 기회가 생기니 일석삼조입니다.

또, 치료를 무조건 시작하게 만드는 것이 최고의 결과가 아닐 때도 있습니다. 우리가 제공해야 하는 것은 최고의 '진료 경험'이며, 진료 경험이 반드시 '진료 행위'와 동의어는 아닙니다. 가끔은 진료를 시작하지 않게 만드는 것이 오히려 더 멋진 결과를 가져오기도 합니다. 환자의 걱정과 불안을 충분히 덜어주면서 "지금 당장은 치료받지 않으셔도 괜찮습니다. 정기적으로 검진하면서 지켜보시죠."라고 말한다면, 이 정직하고 신뢰감 있는 경험은 그 자체로 감동이 돼 다른 사람을 우리 병원에 소개할 충분한 이유가 됩니다. 이렇듯 상담은 이기고 지는 게임이 아닙니다. 서로의 가치 우선순위를 확인하고 이를 교환하여 서로에게 이득이 되는 '윈-윈(Win-Win)' 게임으로 재정의하면, 많은 부분이 긍정적으로 달라질 것입니다.

6) 일관성의 법칙과 풋 인 더 도어: 자연스럽게 "예."를 이끌어내는 심리학

환자와 대화할 때 같은 내용을 전달해도 질문 방식에 따라 반응이 달라집니다. 사회심리학에서 잘 알려진 '일관성의 법칙(Consistency Principle)'과 이를 활용한 '풋 인 더 도어 기법(Foot-in-the-Door Technique)'은 환자에게 자연스럽게 "예."라는 긍정적인 답변을 끌어내는 데 유용하게 사용될 수 있습니다.

사람은 기본적으로 자신의 이전 답변이나 행동과 일관성을 유지하려는 경향이 있습니다. 이는 인지 부조화를 피하려는 본능적인 심리입니다. 만약 환자가 작은 질문에 여러 차례 "예."라고 답했다면, 이후에도 긍정적인 태도를 유지하려는 성향이 강해집니다. 이 원리를 상담에 적용한 것이 바로 풋 인 더 도어 기법입니다. 즉, 상대방에게 먼저 작은 요청으로 동의를 얻어낸 후, 점진적으로 더 큰 요청에 대한 동의를 이끌어내는 방식입니다.

병원에서는 치료 동의율을 높이거나 환자가 치료를 보다 긍정적으로 받아들이도록 유도할 때 이 기법을 활용할 수 있습니다. 예를 들어,

- **부정적인 질문**: "아프세요?" → 환자는 "아니요."라고 답하며 자신의 상태를 축소하려는 경향이 있을 수 있습니다.

- **긍정 유도 질문**: "많이 아프지는 않으시죠? 일상생활에 큰 지장은 없으시고요?" → 환자는 "예, 뭐 그럭저럭 괜찮아요." 또는 "예, 조금 불편하긴 한데 심하진 않아요." 등으로 답하며 작은 불편 정도는 스스로 수용하는 모습을 보일 수 있습니다.

- **직접적인 치료 권유**: "치료를 원하시나요?" → 환자는 망설이거나 방어적인 태도를 보일 수 있습니다.

- **단계적 동의 유도**: "일단 현재 상태에 대해 정확히 아시는 게 중요하겠죠?"(예) → "그럼 제가 자세히 검사해 보고 어떤 상태인지, 어떤 치료가 필요할지 설명해 드려도 괜찮을까요?"(예) →(설명 후) "이런 부분 때문에 치료가 필요하다는 점은 이해되시죠?"(예) → "그럼 이 치료를 진행하는 것에 동의하십니까?"

같은 질문도 어떻게 묻느냐에 따라 환자 반응은 크게 달라집니다. 작은 동의를 지속적으로 이끌어내면, 환자는 자신도 모르게 치료에 대한 긍정적인 태도를 갖게 되고, 이는 자연스럽게 신뢰도와 치료 동의율 상승으로 이어집니다. 단순히 정보를 일방적으로 전달하는 것이 아니라, 환자가 긍정적으로 반응하고 스스로 결정에 참여하고 있다고 느낄 수 있도록 질문을 설계하는 것, 작은 말 한마디도 신중하게 해야 하는 이유입니다.

7) 혼란스러운 고객은 구매를 거절한다: 명확한 선택지 제시

원장님이 기억해야 할 가장 중요한 한 문장이 있다면, 바로 이것입니다. '혼란스러운 고객은 반드시 구매를 거절합니다.' 고객이, 즉 환자가 우리 병원을 선택하지 않는 이유는 우리가 부족해서가 아니라, 우리가 그들에게 혼란을 주었기 때문일 때가 많습니다.

간단히 예를 들어보겠습니다. 다른 병원에서 이미 상담을 받고, 견적까지 받아온 환자가 있다고 해봅시다. 그 병원의 치료 계획도, 비용도 우리와 다릅니다. 이럴 때 많은 병원에서는 우리 병원과 다른 병원의 '차이점'에 초점을 맞춰 설명을 시작합니다. 그 차이점을 강조하며 우리 병원의 우월함을 마치 자랑처럼 늘어놓기도 합니다. 하지만 중요한 건 내 병원 자랑이 아닙니다. 아직 권위가 충분히 형성되지 않은 환자 입장에선 일방적인 자랑은, 그저 또 하나의 정보 더미를 추가해 혼란만 가중시킬 뿐입니다. 선택해야 할 정보가 늘어나면 환자는 어떤 결정을 내려야 할지 더욱 막막해집니다. 결국 우리는 환자에게 도움을 준 것이 아니라, 선택을 방해한 셈이 됩니다.

정말 효과적인 접근은 환자 이야기를 더 많이 듣고, 그들이 현재 어떤 부분에서 혼란스러워하는지를 파악하는 것입니다. 환자가 느끼는 불안과 걱정을 진심으로 이해하고, 타 병원에서 왜 그런 설명을 했는지 그 이유를 환자 입장에서 차분히 짚어주는 것이 훨씬 더 중요합니다. 환자 입장에서 불확실성을 줄여주고, 혼란을 해소해 주는 설명이야말로 진정한 신뢰를 만들어냅니다.

우리 병원의 설명과 광고가 마치 김밥천국의 복잡하고 정신없는 메뉴판처럼 환자에게 혼란을 주어서는 안 됩니다. 환자에게는 명확하고 이해하기 쉬운 한두 가지 최적의 선택지를 간결하게 제시해야 합니다. 중요한 건 우리가 얼마나 잘났는지를 보여주는 것이 아니라, 환자가 얼마나 안심하고 편안하게 최선의 결정을 내릴 수 있도록 돕는가에 있습니다. 혼란은 고객의 신뢰를 방해하고 구매를 망설이게 만듭니다. 환자의 혼란을 줄여주는 것이야말로 최고의 마케팅이자 상담 기술입니다.

3
CRM(고객 관계 관리) 심화
: 떠난 환자도 다시 돌아오게 만드는 전략

환자 중심 경영의 핵심은 단순히 좋은 진료를 제공하는 것을 넘어, 환자와의 지속적이고 긍정적인 관계를 구축하고 관리하는 데 있습니다. 이를 위한 체계적인 접근이 바로 CRM(Customer Relationship Management), 즉 고객 관계 관리이며, 치과에서는 PRM(Patient Relationship Management), 즉 환자 관계 관리라고 부를 수 있습니다. CRM은 일회성 방문객을 충성 고객으로, 나아가 우리 병원의 열렬한 지지자이자 홍보대사로 만드는 강력한 엔진입니다.

1) 모든 환자는 소중하다: LTV(생애 가치)와 소개의 힘

"돈이 안 되는 진료는 없다."라는 말을 기억해야 합니다. 모든 진료는 결국 사람과의 관계이며, 우리가 셔터를 내릴 때까지 맺는 사람과의 관계는 단 한 순간도 빠짐없이 잠재적인 매출과 연결됩니다. 어떤 진료가 당장은 돈이 안 된다고 느껴진다면, 그것은 그 관계에서 아직 매출을 만들어낼 능력이 부족하거나 장기적인 가치를 보지 못하기 때문일 수 있습니다.

① **환자 생애 가치(LTV, Lifetime Value)의 중요성:** 스케일링 환자가 왔다고 해서 신나 하는 원장님은 아직 만나보지 못했고, 풀마우스 환자가 왔다고 해서 다른 환자보다 단 1g의 관심도 더 기울이지 않는 원장님도 보지 못했습니다. 많은 원장님이 당장 매출에 가까운 환자에게 큰 힘을 쏟고, 매출에서 먼 환자는 등한시하는 경향이 있습니다.

하지만 환자 한 명이 평생 우리 치과에서 사용할 수 있는 의료비를 '고객 생애 가치(LTV)'라는 개념으로 바라보면, 지금 당장의 의료비는 풀마우스 환자가 더 높겠지만, 앞으로의 LTV는 지금 스케일링을 하는 환자가 더 높을 수도 있습니다. 미래에 어떤 일과 어떤 니즈가 생길지 우리는 알 수 없습니다. 심지어 우리가 잘 관리해 드려서 별일이 일어나지 않더라도, 매년 20만 원 정도의 의료비를 사용하는 환자를 20년간 관리해 드린다면 전체 의료비는 400만 원이 됩니다. 스케일링 환자도, 검진 환자도, 심지어 의료 쇼핑 중인 것처럼 보이는 환자도 모두 소중한 이유입니다.

스타벅스는 한 명의 고객이 가지는 생애 가치를 약 3,000만 원 정도로 평가한다고 합니다. 그래서 우리가 스타벅스에 가면 고작 5천 원짜리 커피를 마시지만, 커피를 쏟아도 다시 만들어주고 오히려 세심한 케어를 받는 경험을 할 수 있습니다. 스타벅스 입장에서 5천 원짜리 고객이 아니라 3천만 원짜리 고객인 것입니다. 치과도 마찬가지입니다. 환자 한 분 한 분과의 관계를 장기적인 관점에서 바라보고 그 가치를 인지해야 합니다.

② 소개 환자가 가져오는 복리적 성장: LTV가 '소개'라는 개념을 만나면 그야말로 병원의 복리 성장을 가져다줍니다. 20년 동안 누군가 계속 우리 치과를 소개해 준다면? 그리고 그 소개받은 사람이 또 다른 환자를 소개해 준다면? 그 파급력은 상상을 초월합니다. 모든 환자는 다 소중하다는 교훈적이고 당연한 사실 뒤에, 병원 성공의 가장 큰 비밀이 숨어있습니다. 사업은 서비스나 상품을 제공하고 그에 대한 대가로 돈을 받는 게임이지만, 그 본질은 숫자가 아닌 결국 한 사람과의 관계에서 시작됩니다. 매출, 신환, 총환 같은 숫자에만 매몰될 때가 많지만, 이러한 숫자는 여러 사람과의 관계의 결과일 뿐입니다. 결국 한 사람과의 관계가 사업의 성공 여부를 결정짓고, 관계가 튼튼한 병원

은 애써 광고하지 않아도 환자가 끊이지 않습니다.

2) 환자와의 인연, 쉽게 놓지 마라(의료 쇼핑 환자의 오해와 진실)

환자가 상담 예약을 하고 나타나지 않거나, 상담 후 진료 예약을 했지만, 진료일에 나타나지 않거나, 혹은 진료 도중에 갑자기 사라지는 경우가 있습니다. '내가 그렇게 열심히 설명했는데!', '내가 그렇게 완벽한 치료 계획을 알려줬는데!', '내가 이 진료를 얼마나 잘하는데!', '우리 병원이 얼마나 알아주는데!', '나보다 좋은 의사 찾기 어려울 텐데!' 여러 생각이 스쳐 지나가며 환자에게 섭섭하기도 하고, 우리를 알아주지 못하는 환자가 답답하기도 합니다. 결국 우리는 이 환자를 '의료 쇼핑 환자'라는 카테고리에 가둬버리고, 인연이 끝났다고 생각하기 쉽습니다. 하지만 사실은 전혀 그렇지 않습니다.

① **환자가 떠나는 진짜 이유**: 우리 치과는 좀 집요하게 기록하는 편입니다. 방문 환자 상담 노트를 작성하고, 환자를 최대한 끝까지 따라갑니다. 진료가 잘 마무리됐는지, 혹은 도중에 이탈했는지는 기본이고, 이탈 환자에게 연락해 이탈 이유를 찾고 개선하는 작업을 합니다. 말로는 쉬워 보여도 말도 안 되게 어려운 작업입니다. 그렇게 힘든 과정을 통해 얻은 아주 중요한 인사이트가 하나 있습니다. 이탈 환자가 실제 우리가 싫어서 떠난 경우도 있지만, 개인적인 사정(경제적, 시간적,

건강상의 문제 등)으로 인해 치료를 시작하지 못하거나 도중에 멈추는 경우가 생각보다 훨씬 더 많다는 것입니다. 그리고 그런 분들은 시간이 제법 흐르고 더 나빠진 치아 상태로 다시 내원하는 경우가 많습니다. 상담 후 수년 만에 나타나는 환자가 별로 없다면, 우리 치과에서의 처음 응대나 이탈 시 경험 관리를 돌아봐야 합니다.

② 의료 쇼핑 환자라는 낙인: 상담 비동의 환자나 이탈 환자는 대부분 원장님이 생각하는 것처럼 단순한 '의료 쇼핑 환자'가 아닐 가능성이 큽니다. 그들이 다른 병원에 좀 가면 어떻습니까? 환자의 선택은 자유입니다. 다른 병원에서의 경험이 좋으리라는 보장은 없습니다. 치료를 받다가도 마음에 안 드는 부분이 있다면 언제든 다른 병원을 선택할 수 있습니다. 만약 떠난 환자에 대한 우리의 마지막 응대가 적절했고 긍정적인 기억으로 남아있다면, 우리는 다시 선택받을지도 모릅니다. 이처럼 환자와의 인연은 우리가 먼저 놓지 않는 한 쉽사리 끊어지지 않습니다. 그러니 잘 잡고 계시길 바랍니다.

치료받을 생각이 전혀 없는 상태에서 소중한 자기 시간을 들여 치과를 방문하는 사람은 거의 없습니다. 다만 내가 정말 치료가 꼭 필요한지, 그리고 어디에서 치료받아야 할지를 잘 모를 뿐인 거죠. 그러니 일단 방문 환자를 설득하지 못하고 그냥 돌아가게 했다면, 그것은 의료 쇼핑 중인 환자의 잘못이라기보다는 그 환자를 붙잡을 만한 매력이나 신뢰를 주지 못한 우리 병원의 역량 부족일 수 있습니다.

3) 치료 후 관리의 중요성: 안부 전화의 마법

판매 전에는 모든 일을 다 해줄 것처럼 하던 영업사원이 막상 판매 후에는 아무 연락이 없는 경험, 다들 한 번쯤 해보셨을 것입니다. 당연히 보기 좋은 모습은 아닙니다. 사후 관리가 잘 되는 영업사원과 그렇지 않은 영업사원의 차이가 실적을 결정적으로 가르기도 합니다. 그런데 이런 일이 치과에서는 비일비재하게 일어납니다. 참 아이러니하지 않나요?

의사끼리 하는 말로 "무소식이 희소식"이라고도 합니다. 웃자고 하는 말이지만, 얼마나 무책임한 말인지 필드를 바꿔보면 바로 알 수 있습니다. 상담 시에는 어떻게든 환자를 유치하기 위해 노력하지만, 막상 치료가 끝난 후에는 치과에 다시 오든 말든 연락 한번 없는 모습은 우리가 그토록 싫어하는 영업사원의 모습과 많이 닮았습니다.

치료가 끝난 환자에게 안부 전화를 걸어보십시오. 바쁘면 원장님이 직접 하지 않아도 됩니다. 실장이나 데스크 직원이 대신해도 좋습니다. 치료 후 안부 전화를 걸면 다음과 같은 놀라운 효과가 있습니다.

① **환자에게 큰 만족감을 준다**: 치료가 끝난 환자까지 세심하게 챙기는 치과는 거의 없습니다. 남들이 하지 않는, 혹은 못하는 작은 배려

와 솔루션의 힘은 생각보다 강력합니다.

② 혹시 모를 환자의 불만을 미리 감지하고 해결할 수 있다: 좀 불편해도 참고 쓰는 분도 생각보다 많고, 말없이 다른 치과를 알아보는 환자도 많습니다. 선제적인 연락으로 환자 이탈을 막고, 작은 불만이 큰 컴플레인으로 번지는 것을 예방할 수 있습니다.

좋은 치과가 되는 방법은 어쩌면 간단합니다. 치과에서 당연하게 여겨지는, 하지만 실상은 아주 후진적인 서비스 포인트들을 찾아서 개선하는 것입니다. 오늘, 기억나는 환자 몇 명에게 진심을 담은 안부 전화 한 통씩 하는 것은 어떨까요?

4) 마무리 상담: 마지막 경험이 모든 것을 결정한다

대부분의 치과에서 새로운 치료를 시작하려는 환자, 즉 '신환'에게 많은 노력을 기울입니다. 하지만 신환을 설득하고 치료를 시작하게 만드는 것보다 어쩌면 훨씬 더 중요한 것이 있습니다. 그건 바로 치료가 끝나가는, 끝나는, 그리고 이미 끝난 환자에 대한 세심한 관리와 '마무리 상담'입니다.

치과뿐만 아니라 많은 상품과 서비스가 '용두사미' 형태를 띠고 있습니다. 많은 고객을 유치하기 위해 마케팅에 큰돈을 쓰고, 환자의 첫 상담과 설득에 많은 시간을 사용합니다. 하지만 제가 아는 수준에서는 어떤 치과도, 어떤 서비스도 신규 고객을 유치하기 위해 쏟는 만큼의 노력을 기존 고객, 특히 관계가 마무리되어 가는 고객에게 쏟지는 않습니다.

마무리 상담은 매우 중요합니다. 환자에게 받은 치료 과정을 다시 한번 정리해 주고, 앞으로의 관리 방법에 대해서 상세히 이야기하며, 앞으로 일어날 수 있는 문제점과 그 예방법에 대해서 충분히 설명하는 것은 환자 만족도를 극대화하고 장기적인 신뢰 관계를 구축하는 데 결정적인 역할을 합니다. 마지막을 어떻게 잘 장식하느냐에 따라, 설령 앞의 경험이 다소 만족스럽지 못했더라도 충분히 만회할 수 있습니다. 만약 앞의 경험이 좋았다면, 훌륭한 마무리 상담은 더할 나위 없는 만족과 감동을 선사할 것입니다. 그리고 늘 강조하듯이, 이러한 만족과 감동은 기존 환자의 재방문(구신환)과 새로운 환자 소개(소개 신환)를 늘려줍니다. 당장 내일부터라도 치료가 끝나는 환자에게 이전보다 더욱 신경 써서 마무리 상담을 진행해 보세요. 한 달만 지나도 병원 분위기와 환자 반응이 달라지는 것을 체감할 수 있을 것입니다.

5) 이탈 환자 관리: 비동의, 노쇼, 치료 중단 환자 되돌리기(PRM)

상담만 받고 예약을 잡지 않은 환자, 예약을 잡았는데 오지 않은 환자, 진료 중에 어느 순간 발길을 끊은 환자, 이들은 모두 우리 치과를 경험했지만, 현재는 떠나있는 '이탈 환자'라는 공통점이 있습니다. 이러한 이탈 환자를 어떻게 관리하느냐에 따라 병원의 숨겨진 성장 잠재력을 발굴할 수 있습니다. 이를 위한 체계적인 접근법이 바로 PRM, 즉 환자 관계 관리 시스템입니다.

PRM의 핵심은 이탈 환자에게 단순히 스팸성 메시지를 보내 귀찮게 하는 것이 아니라, '우리가 당신을 잊지 않고 있으며, 당신의 치료와 건강을 여전히 응원하고 있다.'라는 진심을 전하는 것입니다. 사업은 결국 사람의 마음을 얻는 것이고, 사람의 마음을 얻기 위해서는 당연히 큰 노력이 필요합니다. 이렇게 진심으로 얻은 환자의 마음은, 파격적인 저수가 마케팅 따위보다 훨씬 더 강력하고 지속적인 힘을 발휘합니다. 페이션트 퍼널이 가장 근본적이고 중요한 내용이지만, 적용에 시간과 노력이 필요합니다. 무자본 마케팅이 정석적인 신환 유입 방법이지만, 콘텐츠 작성에 시간이 걸린다면, PRM은 즉시 원내에 적용할 수 있으며 그 효과는 매우 강력합니다. 특히 다음 같은 고민을 하고 있다면 PRM이 해답이 될 수 있습니다.

- 전화 상담 후 환자가 최종 예약을 잡지 않는다면?
- 내원해 진단 및 상담 후 예약일에 오지 않는다면?
- 자꾸 치료 도중에 환자가 떠나간다면?
- 우리 병원에는 의료 쇼핑 환자만 찾아오는 것 같다면?

PRM은 이러한 환자들의 발걸음을 되돌릴 수 있는 효과적인 솔루션이 될 수 있습니다.

6) 체계적인 환자 관리 시스템 구축 5단계(Follow-up, 정기검진 자동화, 중단 환자 추적, VIP 관리, 불편 호소 대응)

병원의 경쟁력은 체계적인 환자 관리에서 결정됩니다. 환자가 단순히 치료만 받는 공간이 아니라, 신뢰할 수 있는 맞춤형 의료 서비스를 지속적으로 제공받는다는 느낌을 받아야 합니다. 이를 위해 병원 운영에서 반드시 점검하고 시스템화해야 할 다섯 가지 핵심 요소는 다음과 같습니다.

① **치료 후 관리**(Follow-up 메시지 시스템화): 치료 후 1일, 1주, 1개월 등 적절한 시점에 맞춰 환자에게 주의 사항 및 증상 점검 메시지를 자동으로 발송합니다. 특히 임플란트나 신경치료처럼 장기적인 관리가 필요한 치료의 경우, 맞춤형 후속 관리 안내가 필수적입니다. 증상이 악화되거나 불편함이 지속될 경우 바로 병원에 연락하도록 유도하는 문구도 포함되어야 합니다.

② **정기검진 예약 자동화**: 임플란트, 교정, 심미 치료 등 장기적인 관리가 필요한 환자에게 미리 정기검진 일정을 안내하고 예약을 자동

화하는 시스템을 구축합니다. 환자 생활 패턴을 고려한 유연한 예약 옵션을 제공하고, 예약 리마인드 및 일정 변경이 편리하도록 문자, 전화, 온라인 예약 링크 등을 적극적으로 활용해야 합니다.

③ 중단 환자 추적 및 재유입 전략: 상담만 받고 치료를 시작하지 않거나, 치료 도중에 중단한 환자 목록을 정기적으로 모니터링하고, 그 이유를 분석해 맞춤형 재방문 유도 전략을 적용해야 합니다. 환자의 니즈에 맞춘 특별한 혜택을 제공하거나, 무료 상담을 다시 제안하는 것도 좋은 방법이 될 수 있습니다.

저희 병원에서는 이탈 환자 관리를 'PRM'이라는 이름의 체계적인 시스템으로 운영하고 있습니다. 매월 초, 지난달의 상담 후 미전환 환자와 치료 중단 환자 리스트를 추출하여 이탈 원인을 분석합니다. 이후, 단순히 "다시 오세요."라고 말하는 대신 환자 개개인의 상황에 맞춘 메시지를 보냅니다. 예를 들어, 치료 과정에 대해 궁금증이 많았던 환자에게는 "치료 계획에 대해 더 궁금하신 점은 없으셨나요? 언제든 편하게 다시 오셔서 원장님과 이야기 나누실 수 있도록 시간을 마련해 두겠습니다."와 같은 문자를 보내 심리적 장벽을 낮추고, 재방문의 명분을 만들어 줍니다. 이런 세심한 노력만으로도 상당수 환자가 다시 병원을 찾는 놀라운 경험을 하고 있습니다.

④ **VIP 환자 관리 시스템:** 여러 차례 치료를 받았거나 다수의 환자를 소개해 준 VIP 고객은 더욱 체계적으로 관리해야 합니다. VIP 환자를 위한 전용 예약 시스템, 전담 상담 인력 배치, 추가적인 맞춤형 혜택 제공, 정기적인 특별 케어 프로그램 운영 등을 통해 환자의 충성도를 극대화해야 합니다.

⑤ **불편 호소 환자에 대한 신속하고 적극적인 대응 프로세스:** 치료 후 통증, 부작용, 불만을 호소하는 환자가 발생했을 때, 즉각적으로 문제를 파악하고 해결 방안을 제시하는 신속 대응 프로세스를 마련해야 합니다. 이를 위해 긴급 예약 슬롯을 확보하거나 재진료 프로세스를 신속하게 운영하는 것이 중요합니다. 또, 환자의 불편 사항을 해결한 후에도 반드시 후속 관리로 만족도를 다시 확인하고, 부정적인 경험을 긍정적인 피드백으로 전환할 수 있도록 노력해야 합니다.

이 다섯 가지 요소를 점검하고 지속적으로 개선해 나간다면, 환자의 만족도는 높아지고 자연스럽게 재방문율과 소개 환자 수가 증가하게 될 것입니다.

7) 소개 환자 늘리기: 리뷰와 진짜 소개의 힘

제가 병원 경영에서 가장 중요하게 생각하는 단 하나의 지표는 '소개 환자'의 증감입니다. 이 '소개'에는 크게 두 가지 방식이 존재합니다. 그것은 바로 온라인 '리뷰'와 지인을 통한 '진짜 소개'입니다.

① **리뷰의 힘:** 리뷰는 다른 사람이 자신(또는 불특정 다수)을 위해서 우리 병원을 불특정 다수에게 알려주는 것입니다. 그 형식과 내용에 따라 설득력은 천차만별이며, 어떤 신환도 만들어내지 못하는 리뷰도 있고, 어마어마하게 많은 신환을 만들어내는 리뷰도 있습니다. 리뷰는 작성자에 대한 자세한 정보를 알 수 없기에, 리뷰어보다는 그 형식과 내용 자체에 많은 영향을 받게 됩니다. 이는 리뷰어와 리뷰를 읽는 사람 간의 직접적이지 않은 간접적인 연결이기 때문에, 그 영향력은 주로 페이션트 퍼널의 전반부(인지, 관심 단계)로 제한될 수 있습니다. 즉, 좋은 리뷰는 환자가 우리 병원을 방문하게 만드는 계기가 될 수 있지만, 실제 진료 경험이 훌륭하지 못하다면 환자들은 실망하고 이탈하게 됩니다.

② **'진짜 소개'의 힘:** 지인을 통한 소개는 특정 사람에게 우리 병원을 직접 알려주는 행위입니다. 불특정 다수가 아닌 특정인에 대한 직접적인 연결이므로, 그만큼 리뷰보다 한 사람에게 끼치는 영향력이 훨씬 큽니다. 따라서 소개의 영향은 페이션트 퍼널 전 단계에 걸쳐 강력하게 나타납니다. 이는 직접적인 연결이므로 소개 내용이나 형식보다

는 소개하는 사람의 신뢰도와 영향력을 따라가는 경향이 있습니다.

과거에는 당연히 직접적인 소개가 훨씬 중요했습니다. 하지만 최근에는 온라인 리뷰가 미치는 영향력이 말도 안 되게 증가하고 있습니다. 어쩌면 앞으로는 리뷰가 직접적인 소개보다 훨씬 더 중요해질지도 모릅니다.

결국, 구환이 만족해 다시 찾는 '구신환', 우리 병원의 브랜딩과 콘텐츠에 매력을 느껴 스스로 찾아오는 '브랜딩 신환', 광고를 통해 유입되는 '광고 신환' 등 다양한 신환 유형이 있지만, 가장 건강하고 강력한 신환은 바로 만족한 환자의 자발적인 추천을 통해 오는 '소개 신환'입니다. 훌륭한 CRM과 환자 경험 설계의 최종 목표는 바로 이 소개 환자를 지속적으로 창출하는 것입니다.

4
컴플레인 관리
: 위기를 기회로 바꾸는 소통법

    아무리 뛰어난 진료와 서비스를 제공하려고 노력해도, 병원 운영 과정에서 환자의 불만이나 컴플레인은 예기치 않게 발생할 수 있습니다. 중요한 것은 컴플레인 자체를 없애는 것이 아니라, 발생했을 때 어떻게 지혜롭게 대처해, 오히려 환자의 신뢰를 회복하고 더 나아가 긍정적인 관계로 전환시키느냐입니다.

1) '진상 환자'는 어떻게 만들어지는가?(무관심, 무설명, 개인적 상황)

우리가 흔히 '진상 환자'라고 부르는, 과도한 요구나 심한 불만을 제기하는 환자는 처음부터 그런 성향을 가지고 태어났다기보다는, 병원에서의 부정적인 경험을 통해 '만들어지는' 경우가 많습니다. 몇 가지 주요 원인을 살펴보겠습니다.

- **무관심:** 환자에 대한 무관심은 진상을 만들어내는 가장 흔한 원인 중 하나입니다. 환자의 경험과 감정에 대해 전혀 신경 쓰지 않고, 기계적으로 의료 서비스를 제공하면 컴플레인이 발생할 수밖에 없습니다. 예를 들어, 지속적인 안내 없이 치료를 갑자기 진행하면서 강력하게 혀와 뺨을 견인한다거나, 환자를 옆에 두고 의료진끼리 사적인 잡담을 나누거나, 데스크에서는 무슨 일을 하는지 결제조차 제대로 해주지 않는 모습 등을 상상해 보면 됩니다. 올 때마다 했던 말을 또 하게 만드는 의사는 어떤가요? 정도의 차이가 있을지언정, 대부분의 컴플레인은 이러한 환자에 대한 무관심에서 비롯됩니다.

- **무설명:** 환자에게 충분한 설명을 하지 않으면 불안과 오해를 만들어내고, 이 또한 '진상'으로 보이는 환자로 이어질 수 있습니다. "다른 치과 여러 군데 가봤는데 다 뽑으래요. 저는 뽑는 거 말고 보존

적으로 살리고 싶어요."라는 주소(C.C)를 가진 환자를 보면, 왠지 설명해도 잘 안 듣고 본인 주장만 강하게 할 것 같은 선입견을 갖기 쉽습니다. 하지만 현실은, 앞서 방문했던 모든 치과에서 "발치하셔야 합니다."라는 결론만 전달했을 뿐, 현재 환자의 구강 상태가 정확히 어떠하며 왜 발치가 최선인지에 대해 충분한 설명을 해주지 않았다고 하소연하는 경우가 많습니다. 설명을 제대로 해주지 않은 우리 의료인들의 업보가, 어쩌면 멀쩡한 사람을 '진상'처럼 보이게 만드는 것입니다. 자, 이쯤 되면 의사와 환자, 과연 누가 진짜 '진상'일까요?

- **환자의 개인적인 상황:** 위의 두 가지는 의료진 잘못으로 인한 것이지만, 가끔은 우리가 어쩔 수 없는 외부적인 요인도 있습니다. 예를 들어, 한 식당에 어떤 부부가 찾아왔는데 너무 말도 안 되게 짜증을 내고 음식에 대해 컴플레인을 하더랍니다. 그렇게 부부가 떠나고 찝찝한 마음에 사장님이 CCTV를 돌려봤더니, 부부가 식당에 들어오기 직전에 가게 앞에서 크게 부부싸움을 했다는 것입니다. 이처럼 환자가 병원 방문 전에 이미 기분이 나쁜 상황이었다면, 그 부정적인 감정을 우리에게 전달하기 쉽습니다.

그럼 우리는 그저 당하기만 해야 할까요? 생각의 방향만 살짝 바꾸면, 이 부분은 아주 큰 힌트를 제공합니다. 환자의 감당하기 어려운 컴플레인이 발생할 경우, '오늘 병원 오시기 전에 기분 나쁜 일이 있으셨구나.'라고 이해하려고 노력하는 것입니다. 진짜로 기분 나쁘게 만든 대상이 내가 아닐 수도 있다는 것을 인지하는 순간, 감정적으로 휩쓸리지 않고 상황에 응대하기가 훨씬 쉬워집니다.

유독 말을 날카롭게, 기분 나쁘게 하는 환자가 분명 있습니다. 어지간하면 감정적으로 동요하지 않는 편인 저도 가끔은 울컥할 때가 있습니다. 우리의 진료나 우리 병원을 무시하거나 비판하는 듯한 말을 들으면 당연히 기분이 나쁠 수밖에 없습니다. 어쨌든 우리 진료와 우리 병원은 우리가 만들어낸 우리 삶의 투영물이기 때문에, 이는 당연한 반응입니다. 하지만 여기서 한번 감정적으로 꼬이면 병원이 망하는 길로 들어서게 될 수도 있습니다.

2) 환자와 싸우면 무조건 내 손해: 감정 컨트롤의 중요성

대표원장이 할 수 있는 가장 쓸모없는 일은 환자와 기싸움을 벌이는 것이고, 가장 최악의 일은 환자와 직접 싸우는 상황을 만드는 것입니다. 이러한 행동은 단기적으로 속은 시원할지는 몰라도, 장기적으로는 병원에 어떤 이득도 되지 못합니다. 환자와의 기싸움이나 언쟁은 결코 카리스마 있는 행동도, 결단력 있는 모습도 아닙니다. 오히려

CRM에 있어 극도로 근시안적인 태도라고 봐야 하며, 환자와의 갈등을 통해 무엇인가를 얻으려는 시도는 결국 병원 이미지와 신뢰를 무너뜨릴 뿐입니다.

환자와의 직접적인 다툼이나 싸움이 왜 최악인지 몇 가지 이유를 정리해 보겠습니다.

- 우선, 원내에 큰 소리가 나게 됩니다. 큰 소리는 다른 환자들에게 불안감을 줍니다. 우리 잘못이 있든 없든, 다른 환자들은 그 큰 소리로 인해서 우리 치과에 대해서, 그리고 자신들이 받을 진료에 대해서 불안감을 갖게 됩니다. 불안은 의구심을 불러일으키고, 한번 생긴 의구심을 해소하는 것은 참으로 어려운 일입니다.

- 나쁜 소문은 좋은 소문보다 훨씬 빠르게 퍼집니다. 나쁜 소문은 좋은 소문보다 약 8배 정도 더 빠르게 퍼져나간다고 합니다. 환자와의 다툼과 큰 소리는 당연히 나쁜 소문이며, 생각보다 많은 사람들이 알게 될지도 모릅니다.

- 환자와의 트러블이 오롯이 환자가 특정 목적을 가진 '진상'이기

때문일 수도 있고, 반대로 우리의 명백한 잘못이나 실수 때문일 수도 있습니다. 하지만 명명백백한 전자가 아니라면, 이러한 다툼은 직접적으로 환자를 떠나게 만듭니다. 요즘 온라인 광고를 통해 환자 한 명을 획득하는 데 수십만 원이 필요함을 고려하면, 몇만 원을 아끼기 위해 금 프렙 양을 수십 번 줄이는 것보다, 화 한 번 꾹 참는 것이 병원 경영에는 훨씬 더 이득입니다.

- 환자는 싸우고 떠나면 그만이지만, 우리는 계속 치과에 남아 그 기분으로 다음 진료를 해야 합니다. 하루 동안 나의 퍼포먼스는 물론이고, 치과 전체 분위기가 저조해질 수 있습니다.

그러니 환자와 싸우면 무조건 내 손해입니다. 만약 환자가 무리한 요구를 한다면, 그 요구를 필사적으로 방어하기 위해 내 정신적, 신체적, 시간적 리소스를 들이붓는 것보다, 때로는 그 요구를 일정 부분 수용하고 서로 원만하게 해결하는 편이 나을 수도 있습니다. 컴플레인이라는 것이 워낙 다양한 상황에서 다양한 이유로 일어나기 때문에 원장님이 얼마나 많은 스트레스를 받고 있는지 잘 압니다. 하지만 저처럼 노선을 약간만 갈아타면, 생각보다 많은 스트레스에서 자유로워질 수 있습니다. "저런 사람은 안 오는 게 낫다."라는 말을 쉽게 하지만, 이런 태도가 지속되면 결국 병원을 찾는 환자가 점점 줄어드는 결과를 초래합니다.

문제가 있는 환자를 내보내는 것은 쉬운 선택이지만, 그 결과는 병원 전체의 분위기와 수익 구조를 무너뜨릴 수 있습니다. 그리고 대부분은 '저런 사람'은 원래 저런 사람이 아니라 병원의 잘못된 진료 경험에서 탄생하는 경우가 많다는 점을 기억해야 합니다.

3) 컴플레인 응대의 기본: 공감과 책임 인정

진료 결과를 100% 장담할 수는 없습니다. 내가 잘못한 것이 전혀 없어도, 환자에게 기대했던 것과 다른 결과가 나타날 수 있습니다. 환자가 이러한 의학의 불확실성을 모두 이해해 주면 참 좋겠지만, 현실적으로는 쉽지 않습니다. 이러한 부분 때문에 여러 가지 동의서가 점점 더 상세해지고, 각종 설명이 환자를 위한 것이라기보다는 의료인을 보호하기 위한 것으로 변질되기도 합니다. 하지만 아무리 많은 보호 장치를 마련해도, 치료 결과에 대한 컴플레인을 마주하는 순간은 반드시 찾아옵니다.

이때 중요한 것은 우리의 위치와 역할을 정확히 기억하는 것입니다. 우리는 특정 치료를 담당하는 의사이면서 동시에, 전체 치료 과정이 큰 무리 없이 진행되도록 이끄는 '지휘자' 역할도 합니다. 내가 직접 시행한 진료 과정에서 잘못한 것이 없더라도, 내 지휘 하에 있어야 할 다른 부분들(예: 직원의 사소한 실수나 확률적으로 발생할 수 있는 일반적인 부작용 등)에서 문제가 나타났다면, 일정 부분 내 책임이 있다고 생각하는 자세가 필요합니다. 컴플레인 응대 시, 이 부분을 꽁꽁 싸매고 무조건 부정하기보다는, 이러한 사실을 먼저 인지하고 환자의 불편함에 대해 진심으로 '공감'하며 일정 부분 책임을 인정하면, 생각보다 훨씬 수월하게 환자의 마음이 누그러지는 것을 경험할 수 있습니다. 환자와의 관계가 힘들고 컴플레인이 잦은 원장님이라면, 이 부분을 꼭 기억하고 실제 상황에서 적용하도록 노력해보세요. 일에서 오는 스트레스를 절반 이하로 줄일 수 있을지도 모릅니다.

4) 한 명의 컴플레인 뒤에는 수십 명의 불만이 숨어있다

기분 나쁘게 말하는, 혹은 안 좋은 리뷰를 다는 사람이 아주 많지는 않을 것입니다.(만약 많다면, 그것은 나에게 명백한 문제가 있는 것으로 생각하고 진지하게 개선 노력을 해야 합니다.) 그래서 가끔 날카로운 가시처럼 의견을 표출하는 사람을 보면, '뭘 안다고 저래?', '처음부터 느낌이 안 좋더니 역시나 진상이구나.'라고 생각하기 쉽습니다.

물론 그럴 수도 있습니다. 남들은 아무런 불편감을 느끼지 않는 부분에 대해 유독 본인만 극심한 불만을 토로한다면(저는 하악도 아닌 상악 대구치 7번의 셰이드 때문에 여러 차례 리메이크를 해준 적도 있습니다.), 그 환자가 특별히 예민한 것일 수도 있습니다. 하지만 대부분은 그렇지 않습니다. 누구나 참을성의 역치는 다를지언정, 대부분은 어지간한 불편은 우선 참고 넘어갑니다. 그래서 무섭게도, 대부분의 환자는 불만이 있어도 즉각적으로 표현하지 않습니다.

유독 역치가 낮은 소수의 환자가 표현하는 컴플레인은, 사실 다른 침묵하는 다수의 환자도 이미 비슷하게 불편하게 생각하고 있을 확률이 매우 높습니다. '한 명의 컴플레인 뒤에는 약 10명의 동일한 불만을 가진 고객이 있다고 생각하라.'라는 말이 있습니다. 이 말은 주로 일반 소비재나 온라인 서비스에 대한 것입니다.

제 생각에 치과에서는 온라인상의 리뷰보다 직접 대면해 불만을 표출하기가 훨씬 더 제한되는 상황이기 때문에, 실제로는 그보다 훨씬 더 큰 배후 불만층이 있다고 봐야 합니다. 개인적으로는 한 명의 적극적인 컴플레인 뒤에는 적어도 30명 정도가 비슷한 불편을 느꼈을 거라고 가정합니다. 그렇다면 그런 컴플레인을 마주했을 때, 우리는 그 환자를 단순히 '진상'으로 치부하고 덮어둘 것이 아니라, 컴플레인이 발생한 근본 원인에 대해서 진지하게 고민해봐야 합니다. 긍정적으로 생각하자는 피상적인 말을 하는 것이 아니라, 우리 병원의 진짜 모습, 진짜 단점을 찾아내려는 진지한 노력에 관해서 이야기하는 것입니다.

5) "원래 그래요."는 금지어: 환자 불편 해결에 집중하기

잘 안되는 병원에서, 혹은 환자와의 소통이 원활하지 않은 병원에서 자주 듣는 말이 있습니다. 바로 "원래 그래요." 입니다. 이 말은 그 톤이나 내용 모두 듣는 사람 입장에서 제법 싸가지 없게 들릴 수 있습니다. 그런데 이렇게 표현되는 싸가지 없음보다 더 중요한 문제가 이 말속에 숨어있습니다.

"원래 그래요."라는 말에는 두 가지 위험한 의미가 함축돼 있습니다. 첫째, '나는 당신의 불편함에 전혀 공감하지 못한다.'라는 것이고, 둘째, '나는 당신의 불편함을 해결해 줄 마음이 없다.'라는 것입니다. 이는 결국 우리 비즈니스 모델, 즉 의료 서비스업에 대한 이해가 부족하다는 것을 드러냅니다. 우리는 환자의 불편함을 전문 지식과 기술로 해결해 주는 일종의 '지식 서비스'를 판매하고 있습니다. 모든 서비스의 시작은 환자의 불편함과 니즈에서 비롯되어야 합니다. 이 가장 중요한 첫 단추에 "원래 그래요."라는 말은 결코 들어와서는 안 됩니다.

물론, 의학적으로 정말 '원래 그럴 수 있는' 경우가 있다는 것을 잘 압니다. 너무나 잘 알지만, 환자는 그것을 알 수 없다는 사실에 대해서는 얼마나 고민해 보셨나요? 오늘부터라도 "원래 그래요."라는 말 대신, 환자의 말에 조금 더 귀 기울이고, 그 불편함의 원인과 경과, 그리고 대처 방안에 대해 조금 더 자세히 설명해 보면, 마법같이 달라지는 환자와의 관계를 경험할 수 있을 것입니다.

6) 사과의 힘: 불편에 대한 공감이 관계를 바꾼다

저는 개인적으로 사과를 입에 달고 삽니다. 미러가 앞니에 살짝 스치기만 해도(부딪히는 일은 거의 없습니다만) "죄송합니다."가 반사적으로 튀어나옵니다. 마취할 때도 "조금 따끔합니다. 죄송합니다."라고 말합니다. 치료 도중에 환자가 조금이라도 아파하면 즉시 "죄송합니다.", 리메이크를 하게 될 때도 "번거롭게 해드려서 죄송합니다."라는 말이 먼저 나옵니다. 별거 아닌 일에도 "죄송합니다."를 달고 살고, 정말 별거인 일에도 당연히 "죄송합니다."를 달고 삽니다. 어떤 원장님은 한숨과 짜증을 달고 살지만, 저는 "죄송합니다."를 달고 사는 편입니다.

많은 원장님을 포함해 세상의 많은 사람이 마치 사과하면 큰일이라도 나는 것처럼 살아갑니다. 사과라는 것이 곧 나의 잘못을 인정하고 법적 책임을 만들어낸다고 생각하는 경향이 있습니다. 그러면서 사실 본인이 정서적으로 더 힘들어지는 경우가 많습니다. 그러나 사과의 본질은 나의 '잘못'에 대한 인정이 아닙니다. 그것은 바로 상대방, 즉 환자가 겪고 있는 '불편함'에 대한 '공감'의 표현입니다. 예를 들어, 인레이 세팅 후 환자가 시리다고 할 때, 그것이 반드시 시술자의 잘못이 아닐 수도 있습니다. 그럼에도 불구하고 환자가 현재 겪고 있는 그 불편함에 대해 진심으로 공감하고 유감스러움을 표현하는 것이 바로 사과입니다.

그 결과로 저는 하루에 수십 명의 환자를 보면서도, "경찰에 신고

하겠다.", "고소하겠다." 하는 말을 단 한 차례도 들어본 적이 없습니다. 감정적인 컴플레인도 거의 없고, 어쩌다 발생한 컴플레인조차 대부분 원만하게 해결돼 연기처럼 사라집니다. 사과의 힘은 이처럼 대단합니다. 하물며 우리처럼 전통적으로 사과에 인색하다고 여겨지는 직업군의 진심 어린 사과는 더욱 강력한 힘을 발휘합니다.

7) 환불 그 이상의 것: 진심 어린 공감과 해결 노력

배달 음식을 시켜 먹을 때 여러 이유로 배달이 제시간에 오지 못하는 경우가 있습니다. 저는 음식도 좋아하고 즐거운 식사 자리는 더 좋아하기 때문에, 음식이 늦으면 참 힘이 빠지고 속상합니다. 배달 플랫폼이나 식당에서는 이런 경우 환불이나 쿠폰 등으로 마음을 달래려고 하지만, 그런다고 해서 이미 날아가 버린 소중한 시간과 망쳐진 식사 경험이 다시 돌아오지는 않습니다.

무슨 말을 하려는지 짐작되시나요? 많은 병원에서 환자의 불만이 극에 달했을 때, "환불해 드릴게요."라는 말을 마치 전가의 보도처럼 사용합니다. '환불해 줄 테니 나 좀 그만 괴롭혀.'라는 뜻이 내포된 경우도 많습니다. 심지어 그 환불에서 이미 들어간 재료비나 일부 비용은 제외하고 말이죠. 그런데 환불을 해준다고 해서, 환자의 날아간 시간과 나쁜 경험, 그리고 정신적인 스트레스가 모두 사라지는 것은 아닙니다.

재료비를 제외하고 환불하려는 마음은, 이미 들어간 내 시간과 노력, 비용이 아깝기 때문일 것입니다. 하지만 이때 반드시 환자의 시간과 노력, 그리고 그들이 겪었을 불편함도 동등하게, 아니 그 이상으로 고려되어야 합니다. 우리가 어떤 형태로든 환불을 결정하기 전에 가장 먼저 해야 할 일은, 환자가 겪은 불편과 노고에 대해서 진심으로 공감하고 사과하는 것입니다. 환불이라는 행위 그 자체가 충분한 사과가 아니라는 것을 반드시 인지해야 합니다. 형식적이고 불충분한 사과와 내 손품만을 제외한 환불로 환자를 완전히 잃고, 잠재적인 소개 환자까지 모두 잃어버리는 길을 택하시겠습니까? 아니면, 충분한 공감과 진심 어린 사과로 설령 환불을 해줘도 환자와의 관계를 최소한 중립적으로, 운이 좋다면 긍정적으로 마무리하고 미래 가능성을 열어두시겠습니까? 불합리한 컴플레인에 대해 무조건 환불을 하라는 말이 아니라는 것은 잘 아시리라 믿습니다. 핵심은 '진심'입니다.

5
환자 경험,
디테일에서 승부가 갈린다

환자 중심 경영을 실현하는 데 있어, 진료의 질만큼이나 중요한 것이 바로 환자가 병원에서 겪는 모든 '경험'의 총체적인 질입니다. 이러한 경험의 차이는 종종 아주 사소해 보이는 '디테일'에서 비롯됩니다.

1) 의료 서비스 범위의 확장: 진료 너머의 모든 경험

'치료만 잘해주면 되는 거 아니야?'라는 생각은 치과를 말아먹기 가장 좋은 마인드 중 하나입니다. 치료만 잘해주다가는, 이제는 치료할 기회조차 사라져 버리는 세상입니다. 우리가 제공하는 상품인 '의료 서비스'의 개념과 범위에 대해 이해하면 이런 마인드를 내려놓을 수 있습니다.

묘하게도 우리가 제공하는 의료 서비스의 범위가 점점 넓어지고 있습니다. 이는 단순히 진료 범위가 넓어진다는 것과는 전혀 다른 개념입니다. 과거에는 진료 그 자체만이 의료 서비스 범주에 포함되었을지 모릅니다. 그러다 어느 순간부터 그 의료 서비스를 전달하는 과정, 즉 '친절'이나 '서비스' 같은 것이 상품 평가의 중요한 한 축이 되었습니다. 그리고 이제는 한발 더 나아가, 온라인 '리뷰'라는 형식의 평판 또한 상품 평가의 중요한 요소가 되어버렸습니다. 지금은 문자 그대로 고객이 병원에서 '경험할 수 있는 모든 것'이 의료 서비스에 포함되는 세상입니다. 그만큼 신경 쓸 부분이 많아졌지만, 동시에 이는 다른 병원과 차별화할 수 있는 포인트 또한 많아졌다는 의미이기도 합니다.

그 와중에 이러한 요소들이 내가 제공하는 의료 서비스에 포함된다는 사실조차 모르고 오로지 진료만 잘하면 된다고 생각한다면, 그 결과는 끔찍할 것입니다. 진료 잘하는 건 이제 기본 중의 기본일 뿐입니다.

2) 사소함이 만드는 차이: 디테일 경영의 힘

　일상에서 우리는 수많은 '사소한 것들'과 마주합니다. 조금 더 친절한 말 한마디, 조금 더 편안한 의자, 조금 더 신경 쓴 듯한 조명. 어찌 보면 정말 사소한 것들입니다. '사소하다'라는 말은 보잘것없이 작거나 적다는 의미를 담고 있습니다. 이러한 사소한 것들은 없어도, 제공하지 않아도 당장은 별 티가 나지 않을 수 있습니다. 말 그대로 사소하기 때문입니다.

　하지만 남들이 제공하지 않는 이 '사소함'을 환자에게 제공하기 시작하면, 이야기가 달라집니다. 남들이 제공하지 않는 사소함을 환자가 경험하는 순간, '사소함'이라는 단어는 '디테일'이라는 이름으로 바뀌게 됩니다. 그리고 이 '디테일'은 처음부터 없으면 모르지만, 있다가 없으면 매우 불편하게 느껴지는 강력한 힘을 가집니다.

　네, 맞습니다. 우리 치과를 다니다가 다른 치과를 방문했을 때 환자가 알 수 없는 불편함을 느끼고 다시 우리 치과를 찾게 만드는 경험, 바로 이 '디테일' 덕분입니다. 뭐 이렇게 사소한 것까지 신경을 쓰냐고요? 그 사소함이, 그 디테일이 우리 치과를 살려줍니다.

3) 환자를 위한 친절의 재정의: 상대방이 느껴야 진짜 친절

'친절'이라는 단어를 사전에서 찾아보면 '남을 대하는 태도가 정답고 상냥함'이라고 나옵니다. 이 사전적 정의에 의하면, 친절은 그 친절을 '행하는 사람'의 기준인 것 같습니다. 하지만 우리의 친절은 그래서는 안 됩니다. 우리가 행하는 친절의 기준은 우리가 아니라, 그 친절을 '받는 환자'여야 합니다. 상대방이 느끼지 못하는 친절은 친절이 아닙니다. 내 기준에서 조금 더 정답고 상냥하게 대했다고 해서 그것이 곧 환자에게 친절함으로 전달되는 것이 아닙니다. 환자가 '아, 이 병원은 정말 친절하구나.'라고 느껴야 그것이 비로소 사업자로서, 의료인으로서 제공하는 '진짜 친절'입니다. 환자가 느낀다면 그 친절은 내 병원의 강력한 무기가 될 것이고, 느끼지 못한다면 그것은 그저 나만의 만족일 뿐, 쓰나마나한 헛힘이 될 뿐입니다. 모든 판단의 기준을 일방적인 나의 입장이 아닌, 서비스를 받는 환자 입장에서 시작하는 것이 병원을 개선하고 환자 경험을 향상시키는 첫걸음입니다.

4) 다른 서비스 경험에서 배우는 환자 경험 개선 아이디어(미용실 사례)

병원에서 환자에게 더 나은 진료 경험을 제공하려면, 무엇이 좋은 경험인지 직접 체험해보는 것이 중요합니다. 하지만 현실적으로 다른 치과에 환자로 방문해 그 경험을 쌓는 것은 여러모로 쉽지 않습니다.(피부과나 한의원은 비교적 용이할 수 있습니다.) 그러다 보니 많은 원장님이 환자 입장에서 병원을 이용하는 경험 없이, 오로지 공급자 입장에서만 병원을 운영하는 경우가 많습니다.

이럴 때, 다른 서비스 업종 경험을 통해 간접적으로 환자 경험 개선의 힌트를 얻을 수 있는데, 제가 특히 추천하는 곳이 바로 '미용실'입니다. 미용실을 경험해 봐야 하는 이유는 다음과 같습니다.

> - **자주 방문하며 비교 분석 가능**: 병원과 달리 머리 손질은 정기적으로 필요하기 때문에, 일정 주기로 여러 미용실을 방문하며 서비스를 비교 체험할 수 있습니다. 몇 년에 한 번 갈까 말까 한 병원과 달리, 한두 달 단위로 방문할 수 있어 다양한 서비스 디테일과 고객 경험의 차이를 직접 느낄 수 있습니다.
>
> - **경쟁이 치열해 고객 경험의 디테일이 강력함**: 미용실 업계는 수

많은 업체가 치열하게 경쟁하고 있어, 차별화된 경험을 제공하지 않으면 살아남기 어렵습니다. 따라서 서비스가 뛰어나다고 평가받는 곳은 고객 경험의 디테일이 매우 뛰어날 수밖에 없습니다. 고객이 원하는 스타일을 정확히 캐치하는 상담 과정, 편안한 환경 조성, 세심한 부가 서비스 등은 우리 치과의 진료 경험 개선에 많은 힌트를 줄 수 있습니다.

- **네이버 플레이스와 SNS 등을 활용한 오프라인 매장 마케팅의 최전선**: 미용실 업계는 온라인 마케팅, 특히 네이버 플레이스, 블로그, 인스타그램 등 소셜 미디어를 매우 적극적으로 활용합니다. 리뷰 마케팅, 신규 고객 유입 전략, 재방문 유도 시스템 등을 체계적으로 운영하는 곳이 많으며, 이는 병원의 온라인 마케팅 전략 수립에도 직접적인 참고가 될 수 있습니다.

그렇다면 미용실을 어떻게 경험해야 할까요? 단순히 기존에 다니던 곳만 가지 말고, 온라인에서 직접 검색해 평점이 높은 곳, 리뷰가 좋은 곳, 혹은 분위기가 특별해 보이는 곳을 찾아가 경험해 보세요. 가서 단순히 머리만 하는 것이 아니라, 그 과정에서 어떤 점이 인상적인지, 서비스와 경험의 차이가 무엇인지, 고객 불편을 최소화하기 위해 어떤 노력을 하는지 등을 세세하게 관찰하고 기록해 보세요. 이 모든 경험이 결국 우리 병원의 환자 경험 개선을 위한 중요한 힌트가 될 것입니다.

최근 예약이 많기로 유명한 한 프리미엄 미용실에서, 그들이 어떻게 고객 만족도를 높이는지에 대한 실마리를 얻었습니다. 놀랍게도 비결은 화려한 기술이 아닌, 접수 시 직원이 던지는 단 하나의 질문이었습니다: "고객님, 혹시 오늘 시술 끝나고 다른 약속 있으신가요? 언제까지는 나가셔야 하는지 미리 알려주시면 저희가 최대한 시간을 맞춰드리겠습니다." 그들은 시술 시간에 대한 고객의 막연한 불안감을 미리 헤아리고, 고객의 시간을 존중하고 있음을 첫 순간부터 보여주었습니다. 그 질문 하나로 저는 그 미용실의 시스템 전체를 신뢰하게 되었습니다. 저는 이 경험을 우리 병원에 즉시 도입했습니다. 이제 저희 데스크에서는 처음 내원한 환자에게 똑같이 질문합니다. 이 작은 변화는 '내 시간을 소중히 여기는 병원'이라는 강력한 첫인상을 심어주었고, 환자가 가질 수 있는 시간적 불안감을 해소하며 편안한 마음으로 진료를 시작하게 하는 가장 효과적인 방법이 되었습니다.

5) 체어 기본 세팅: 환자를 위한 작은 배려들

우리는 당연하다고 생각하지만 말해주지 않으면 전혀 모르는 환자가 많습니다. 우리도 다른 사업장에 가면 처음에는 모든 것이 낯설고 어렵게 느껴지지 않나요? PC방에 가면 요금 결제하는 것도 처음엔 복잡하고, 대형마트 키오스크는 매번 사람을 당황하게 만듭니다. 하물며 긴장과 불안감을 안고 찾아오는 치과는 오죽할까요.

정말 '이것까지 필요할까?' 싶을 만큼 자세하게 안내하고 배려하는 것이 좋습니다. 환자 대부분이 그런 세심함에 감동합니다. 크라운이니 인레이니, 말로만 설명하지 말고, 이해를 돕는 모형이나 그림을 보여 주세요. 환자가 자신의 파노라마 사진을 몰래 찍어서라도 상태를 알고 싶어 하게 만들지 말고, 먼저 당당하게 보여주며 설명해 주세요. 진료 중 오른쪽, 왼쪽도 매번 말로만 지시하기보다 시각적인 표시를 활용할 수 있습니다. 긴 치과 치료 시간 동안 핸드폰 충전이 필요할 수도 있는데, 이를 위한 편의를 제공하지 않을 이유가 있을까요?

이러한 작지만 세심한 배려들이 모여 환자 경험의 질을 결정합니다. 환자를 위한 것이라면 얼마든지 다른 병원의 좋은 점들을 복사해서 따라 하십시오. 이러한 좋은 세팅들이 치과계의 기본이 되기를 기대해 봅니다. 전체적인 환자 경험의 개선이야말로, 침체된 치과계가 다시 반등해 살아나는 첫걸음이 될 것입니다.

6) 환자 편식하지 않기: 모든 환자를 환영하는 자세

조금 부끄러운 제 실수를 공유할까 합니다. 저는 예약 기능 때문에 아침 출근길에 주로 카카오 블랙 택시를 이용합니다. 그런데 이게 타다 보니, 조금씩 마음에 들지 않는 기사님을 한 명, 두 명 차단하게 되더군요. 지나치게 말을 많이 거시거나, 예약 시간에 자주 늦는 기사님을 차단했습니다. 처음에는 큰 문제가 없었지만, 어느 날부터 아침에 예약이 잘 잡히지 않기 시작했습니다. 무한할 줄 알았던 기사님 풀(Pool)이 생각보다 그렇게 넓지 않았던 겁니다.

혹시 우리 치과도 저와 비슷하지 않나요? 환자를 은연중에 선별하고, 내가 편한 환자만 보겠다는 마음으로 특정 유형 환자를 알게 모르게 멀리하고 있진 않나요? 물론 치과의 잠재 환자 풀은 특정 지역 카카오 블랙 기사님 풀보다는 훨씬 넓을 것입니다. 하지만 우리의 관심 부족이나 간절하지 못한 태도로 떠나간 환자는 반드시 주변 지인들에게 우리 치과에서의 부정적인 경험을 이야기합니다. "그 치과 별로더라."라는 부정적인 소문은, 제가 기사님들을 차단한 속도보다 훨씬 더 빠르게 지역 사회에 퍼져나갈 것입니다.

편한 환자만 선택해서 진료하는 것은 일시적으로는 편안함을 줄 수 있습니다. 하지만 장기적으로는 더 많은 잠재 환자가 우리 치과를 '차단'하게 만들 수 있습니다. 환자의 불만이 쌓이고, 그로 인해 우리 치과가 환자 사이에서 외면받는 상황이 될 수도 있습니다. 결국 중요한 것은 모든 환자를 진심으로 환영하고, 그들의 다양한 니즈를 충족시키기 위해 최선을 다하고 있는지에 대한 끊임없는 고민입니다. 다소 어렵거나 불편한 환자라고 해서 무조건 피하거나 차단하는 대신, 불편함을 해결해주고 관계를 개선할 기회를 찾아야 합니다. 이러한 작은 태도의 변화가 모여, 치과 이미지를 더욱 건강하게 만들고, 더 많은 환자에게 진정으로 사랑받는 길을 열어줄 것입니다. 어렵고 보기 싫다고 느끼는 유형의 환자는 사실 다른 원장님도 비슷하게 느끼는 경우가 많습니다. 성공의 비밀 중 하나는, 남들이 하지 않는 것, 남들이 하기 싫어하는 것을 잘 해내는 것에 있다는 점을 기억해야 합니다.

7) 환자가 주인공이다: 조력자로서의 원장의 역할

우리가 무엇을 팔든, 어떤 서비스를 제공하든, 우리는 결코 주인공이 아닙니다. 병원의 대표이고 최종 결정권자이며 모든 책임의 당사자지만, 진짜 주인공은 병원 서비스와 치료를 받는 '환자'입니다.

환자는 단순히 아픈 곳을 치료받으러 오는 것이 아닙니다. 자신의 불편함을 해결하고, 더 건강하고 행복한 삶을 살기 위해 병원을 찾습니다. 우리의 역할은 그들이 원하는 긍정적인 변화를 이루도록 돕는 것입니다. 즉, 환자가 주인공이고, 우리는 그들이 자신의 건강 목표를 성공적으로 달성할 수 있도록 전문적인 지식과 기술, 그리고 따뜻한 마음으로 지원하는 '조력자(Supporter)'입니다.

이 개념을 제대로 이해하고 진심으로 받아들이는 순간, 병원 마케팅 방식과 운영 철학이 완전히 달라지기 시작합니다. 병원 브랜딩은 더 이상 원장의 화려한 스펙이나 경력을 나열하고 강조하는 것이 아니라, 우리 병원을 통해 환자가 어떤 긍정적인 변화를 경험하게 될지를 중심으로 설계되어야 합니다. 모든 설명과 소통은 환자 입장에서 이루어져야 하며, 환자가 겪고 있는 문제를 해결하는 것에 모든 역량을 집중할 때, 병원의 진정한 가치가 저절로 드러나게 됩니다.

대표원장 스스로 주인공의 자리를 겸손히 내려놓고, 환자에게 그 자리를 정중히 안내하며, 그 여정을 돕는 충실한 조력자 마인드로 변화하는 것만으로도, 이미 상위 1%의 경영자가 될 수 있는 중요한 첫걸음을 내딛는 것입니다. 환자가 주인공인 병원은 환자에게 깊은 신뢰를 얻고, 그 신뢰를 바탕으로 자연스럽게 성장합니다.

8) 환자는 자산이다: 구신환, 소개, 리뷰의 가치

이제 환자, 즉 고객이 곧 병원의 가장 중요한 '자원'이자 '자산'인 시대가 도래했습니다. 과거에는 환자를 단순히 진료 대상으로만 여겼다면, 이제는 치과 성장을 함께 만들어가는 소중한 자산으로 인식하는 패러다임의 변화가 반드시 일어나야 합니다.

특히 주목할 만한 점은, 환자가 다음과 같은 세 가지 중요한 방식으로 치과 발전에 직접적으로 기여하고 있다는 것입니다.

- **새로운 치과적 불편함 발생 시 '구신환(기존 환자의 신규 내원)' 으로서의 재방문:** 이는 이전 진료 경험을 통해 형성된 신뢰를 바탕으로, 환자가 자연스럽게 우리 치과를 다시 선택하는 것을 의미합니다. 이미 해당 환자의 치과 병력과 특성을 잘 파악하고 있어 더욱 정확하고 개인화된 진료가 가능하며, 의료진과의 라포(Rapport)가 형성돼 있어 원활한 소통과 치료가 이루어질 수 있다는 장점이 있습니다.

- **만족스러운 진료 경험을 바탕으로 한 '입소문(소개)'을 통한 신규 환자 창출:** 현대 사회에서 가장 강력하고 효과적인 마케팅 수단은 다름 아닌 '신뢰할 수 있는 지인의 추천'입니다. 특히 치과 진료같이 전문적이고 신중한 선택이 필요한 분야에서는, 실제 경험자의 진솔한 추천이 새로운 환자를 유치하는 데 결정적인 역할을 합니다.

- **환자들의 자발적인 '리뷰 작성'을 통한 온라인 콘텐츠 생산:** 온라인 플랫폼이 발달한 현재, 진정성 있는 환자 후기는 치과의 온라인 존재감을 강화하고 잠재 고객의 신뢰를 얻는 데 핵심적인 콘텐츠가 됩니다. 실제 치료 경험자의 생생한 피드백은 다른 잠재

> 적 내원 환자의 의사결정에 큰 영향을 미치며, 동시에 검색 엔진 최적화(SEO)에도 긍정적인 영향을 줘 더 많은 사람들에게 우리 병원을 알리는 데 기여합니다.

이러한 변화 속에서 가장 중요한 것은 결국, 앞서 계속 강조해 온 '양질의 진료 경험'입니다. 정확하고 세심한 진료, 친절하고 명확한 응대와 상세한 설명, 깨끗하고 쾌적한 진료 환경 유지, 그리고 치료 후의 세심한 관리와 사후 케어 등이 모두 조화롭게 이루어져야 합니다. 이러한 양질의 진료 경험이 밑바탕이 되어야만 진정한 의미의 '환자 자산화'가 가능해집니다. 이제는 환자를 단순한 진료 대상이 아닌, 치과의 지속 가능한 성장을 함께 이끌어가는 핵심 동력이자 소중한 자산으로 바라보는 관점의 전환이 그 어느 때보다 필요한 시점입니다.

9) 환자 타깃팅: 우리 병원과 결이 맞는 환자는 누구인가?

"어떤 환자를 많이 보세요?"라는 질문에 대부분의 원장님은 주로 진료 단위(임플란트, 교정, 심미 치료 등)로 대답합니다. 그런데 막상 내가 많이 보고 있는 환자의 구체적인 연령대, 성별, 거주 지역, 성격적 특성, 라이프스타일 등에 대해서는 잘 모르는 경우가 태반입니다.

진료 단위로만 환자를 분류하면 몇 가지 단점이 있습니다. 환자가 특정 진료가 필요한 이유는 대부분 어쩌다 보니 그렇게 된 것이지, 그들이 처음부터 특정 진료군으로 정해져 있던 것은 아닙니다. 예를 들어, 임플란트를 한 환자들 사이의 공통점을 찾으려고 해도, 교합력이나 식습관 외에 명확한 공통분모를 찾기 어려울 수 있습니다. 그런데 우리 뇌는 억지로라도 임플란트 환자의 공통점을 찾아내려 하고, 그 결과 '임플란트 환자 옆에는 또 다른 임플란트 환자가 있을 것이다.'라는 착각이나, '임플란트 환자를 늘리려면 뭘 해야 하지?'라는 다소 막연하고 잘못된 질문을 만들어낼 수 있습니다.

조금 더 병원 경영에 도움이 되는 환자 정보를 얻어내기 위해서는, 환자를 여러 각도에서 더욱 입체적으로 바라보아야 합니다. 이때 유용한 개념이 바로 '페르소나(Persona)' 설정입니다. 즉, '우리 치과를 가장 좋아하는 환자는 어떤 특성을 가지고 있을까?', '어떤 사람이 우리 치과의 서비스와 분위기에 가장 만족도가 높을까?' 등을 고민해 가상의 대표 고객 이미지를 만드는 것입니다. 혹은 치과 전체가 아닌, 원장님 개인별로도 이러한 페르소나를 설정해 볼 수 있습니다. 예를 들어, 저는 '천안시 불당동에 거주하면서, 과거 치과 공포증으로 오랫동안 치과 방문을 못 했지만, 최근 용기를 내 방문한, 이해심 많고 온화한 성품의 40대 여성'을 제 진료를 대표하는 페르소나 중 하나로 그리고 있습니다.

이렇게 우리 병원 또는 특정 원장님과 '결이 맞는' 페르소나를 설정할 때는, 그 모습이 가능한 구체적일수록 좋습니다. 필요 없는 가지는 잘라내고 핵심적인 요소만 남기되, 실제 특정 환자를 모델로 페르소나를 설정하는 것은 더욱 강력한 방법이 될 수 있습니다. 이렇게 페르소나가 설정되면, 우리 병원의 모든 의사결정이 아주 간단하고 명확해집니다. 즉, 우리가 설정한 페르소나가 만족할 만한 부분은 더 강화하고, 페르소나가 싫어할 만한 부분은 과감히 제거하는 것입니다. 문자 그대로, 페르소나가 정말 딱 좋아할 만한 치과로 변해가는 것입니다.

그럼 페르소나와 다른 사람들은 싫어하지 않을까요? 전혀 그렇지 않습니다. 페르소나 기반 접근 방식의 가장 큰 강점은, 막연히 '내 눈에 좋아 보이는 개선안'이 아니라, 실제 특정 환자군이 '정말로 좋아할 만한 개선안'을 만들어낸다는 것입니다. 즉, 고객 중심적 사고를 구체화하는 것입니다. 이는 이제까지의 공급자 중심의 허접한 의사결정과는 확연히 다른, 훨씬 더 효과적인 결과를 가져올 것입니다.

PART 4

차별화된 마케팅과 브랜딩 전략

아무리 훌륭한 진료 철학과 환자 중심 시스템을 갖추었다 하더라도, 이를 잠재 환자에게 효과적으로 알리지 못하면 무용지물입니다. 현대 치과 경영에서 마케팅과 브랜딩은 더 이상 선택이 아닌 필수이며, 어떻게 우리 병원만의 가치를 전달하고 차별화된 이미지를 구축하느냐가 경쟁력을 좌우합니다.

1
마케팅 제대로 이해하기
: 광고를 넘어선 본질

많은 원장님이 '마케팅'이라고 하면 단순히 광고를 통한 신환 유치 정도로 생각하는 경우가 많습니다. 하지만 마케팅 세계는 훨씬 더 깊고 넓으며, 병원 경영의 거의 모든 영역과 맞닿아 있습니다.

1) 마케팅이란 무엇인가?

마케팅에 대해 이야기할 때, 많은 사람이 판매와 광고를 주로 떠올립니다. 그러나 이는 마케팅이라는 거대한 빙산의 일각에 불과합니다. 오늘날 마케팅은 판매라는 오래된 개념에서 벗어나 '고객 욕구 충족'이라는 더 넓은 의미로 이해해야 합니다. 만약 마케터가 고객을 효과적으로 관여시키고, 고객 욕구를 정확히 이해하며, 그에 부응하는 탁월한 고객 가치를 제공하는 제품(우리에게는 의료 서비스)을 개발하고, 적정한 가격을 책정하며, 효과적으로 유통(환자가 우리 서비스를 쉽게 접하도록)하고, 진정성 있게 홍보한다면, 그 제품이나 서비스는 잘 팔릴 수밖에 없습니다.

경영학 석학 피터 드러커는 "마케팅의 목적은 판매를 불필요하게 만드는 것"이라고 말했습니다. 즉, 판매와 광고는 전체 마케팅 믹스의 일부분일 뿐이라는 것입니다. 넓은 의미에서 마케팅은 개인과 조직이 가치를 창출하고, 이를 다른 이들과 교환함으로써 자신이 원하는 것을 얻는 사회적, 관리적 과정을 말합니다. 기업(우리에게는 병원)과 관련된 좁은 의미로는, 수익성과 가치를 발생시키는 고객과의 교환 관계를 구축하는 과정을 의미합니다. 이 책에서는 마케팅을 '기업이 고객을 관여시키고, 강력한 고객 관계를 구축하며, 그 대가로 고객에게 상응하는 가치를 얻는 과정'으로 정의합니다.

이 정의에서 핵심적인 부분을 다시 짚어보면, 마케팅은 '수익성'(판매자가 가져가는 것)과 '가치'(구매자가 가져가는 것)를 '교환'하는 관계를 구축하는 모든 과정입니다. 즉, 내가 제공할 수 있는 가치를 상대방이 대가를 지불하고 구매하도록, 그 교환이 활발하게 일어나도록 하는 모든 행위가 마케팅입니다. 고객을 효과적으로 관여시키고, 고객 욕구를 이해하며, 탁월한 고객 가치를 제공하는 제품(서비스)을 개발하고, 적정한 가격을 책정하고, 유통하고, 홍보하는 이 모든 행위가 마케팅에 포함됩니다. 한마디로, 마케팅은 사업을 잘하기 위한 모든 것입니다.

그렇다면 다음과 같은 흔한 오해를 바로잡을 필요가 있습니다.

- **"장사가 잘 안돼서 마케팅 좀 시작해 보려고."** → 이런 경우 마케팅을 그저 '홍보' 정도로 생각하는 것입니다. 물론 홍보가 부족해서 안 되는 경우도 있지만, 대부분은 홍보 이전에 자기 사업(병원)에 대한 깊이 있는 이해(나의 강점과 약점, 나에게 주어진 기회와 위기 등)가 부족한 경우가 허다합니다. 이런 상태에서의 홍보는 아무 의미 없는 소음 공해를 만들어낼 뿐입니다.

- **"나는 마케팅 많이 하는 업체는 싫더라."** → 이는 아마도 '광고'만 요란하게 하는 업체가 싫다는 의미일 것입니다. 하지만 진정한 마케팅은 내 사업과 내 아이템(의료 서비스)에 대한 철저한 고찰에서 나옵니다. 그런 고찰이 있는 마케팅과 없는 마케팅의 퍼포먼스는 하늘과 땅 차이입니다.

- **"나는 마케팅 안 하고 실력으로 승부하려고."** → 이런 말을 하는 분의 사업 실력은 안 봐도 뻔할 수 있습니다. 마케팅 자체가 실력의 일부이기 때문입니다.

- **"어디 괜찮은 마케팅 업체 없나?"** → 마케팅은 남의 도움을 받을 수는 있지만, 기본적으로 대표원장이 주도해야 합니다. 내가 먼저 괜찮은 사업가, 괜찮은 사장님이 되고자 노력하는 것이 우선입니다.

마케팅을 우습게 보지도, 나쁘게 보지도 말고, 제대로 알고 제대로 해야 합니다.

2) 마케팅, 광고, 브랜딩, 바이럴의 차이와 관계

치과의사이자 자영업자인 대표원장 입장에서 이 복잡한 용어들을 가장 간단하게 정의하면 다음과 같습니다.

- **마케팅(Marketing)**: 나와 우리 병원을 알리고, 환자가 우리를 선택하도록 만드는 '모든 행위'입니다. 가장 포괄적인 개념입니다.

- **광고(Advertising)**: '내 돈'을 직접 써서 나와 우리 병원을 알리는 방법입니다. 주로 단기적인 성과(신환 유치)를 목표로 하는 퍼포먼스 마케팅의 성격을 띱니다.

- **브랜딩(Branding)**: 나의 일관된 행동과 철학, 그리고 거기서 만들어지는 양질의 콘텐츠를 통해 잠재 환자 마음속에 우리 병원만의 긍정적인 이미지를 구축하고 신뢰를 쌓아가는 과정입니다. 장기적인 관점에서 우리 병원의 가치를 높이는 활동입니다.

- **바이럴(Viral):** 내가 아니라 '남들'(주로 만족한 환자나 우리 병원의 팬)이 자발적으로 우리 병원에 대해서 좋게 이야기하며 대신 알려주는 것입니다. 가장 강력한 형태의 마케팅 효과를 가져올 수 있습니다.

이 네 가지는 서로 밀접하게 연관되어 있으며, 효과적인 병원 마케팅은 이 요소들을 조화롭게 활용해 시너지를 창출하는 것입니다. 예를 들어, 훌륭한 브랜딩은 광고 효율을 높이고, 만족스러운 환자 경험은 자연스러운 바이럴을 유도합니다.

3) 마케팅 대행사의 허와 실: 모르면 당한다

몇몇 아주 잘나가는 종합 마케팅 대행사 대표님을 만나 대화를 나눌 기회가 있었습니다. 그 대화를 통해 다음과 같은 인사이트를 얻을 수 있었습니다.

첫째, 여러 가지 법적 규제 때문에 병원 마케팅은 일반 상품처럼 누가 봐도 창의적이고 멋진 퍼포먼스를 내기 어렵습니다. 둘째, 그럼에도 불구하고 병원 마케팅은 마케터 입장에서 가장 흥미롭고, 돈이 되는 필드 중 하나입니다. 셋째, 이유는 마케팅비를 많이 쓰는 데 비해 성과를 만들기가 (상대적으로) 쉽기 때문입니다. 넷째, 그 근본적인 이유는 경쟁 상황과는 별개로, 업계의 전반적인 마케팅 수준이 아직 높지 않아서입니다. 다섯째, 다른 사업 분야 대표들보다 대표원장님이 마케팅에 대해 잘 모르는 경우가 훨씬 많다는 것입니다.

결국 모르는 게 문제입니다. 대표가 마케팅에 대해서 잘 모르니, 그것보다 조금 더 아는(어쩌면 초보 수준의) 마케팅 대행사가 난입해 허접한 성과에 높은 비용을 지불하는 경우가 발생합니다. 이 과정에서 불법적이거나 과장된 방식이 퍼져나가고, 마케팅에 대한 잘못된 인식이 더욱 깊어질 수 있습니다. 이제는 정말 마케팅에 대해 제대로 이해해야 합니다. 언제까지고 일종의 어뷰징(규칙 위반)을 통한 치팅(부정행위)만을 마케팅으로 인지하고, 그런 것만 찾아다닌다면, 병원의 지속적인 성장은 절대로 불가능합니다. 세상에 무조건 작동하는 마케팅 채널이나 소재는 없으며, 하기만 하면 무조건 매출이 몇 배 뛰는 그런 마법 같은 마케팅도 없습니다. 그런 허상을 따라다닐 시간에 치과의 내부 역량을 키우는 것이 훨씬 현명합니다.

4) 마케팅 비용은 투자인가, 소모인가?

마케팅에 천만 원을 투자해서 5천만 원의 추가 이익이 발생한다면, 누구도 고민하지 않고 마케팅 비용을 증액할 것입니다. 하지만 천만 원의 추가 이익이라면 어떨까요? 혹은 약간의 손해가 난다면? 버는 돈 없이 일만 바빠지니 손해인 걸까요? 이렇게 단순한 등식으로 마케팅의 가치를 재단하기는 어렵습니다. 심지어 약간의 손해가 나더라도 지속적인 마케팅 투자가 필요한 이유가 있습니다.

우선, 마케팅비는 즉각적인 매출 증가를 가져올 수 있습니다. 새로운 환자가 병원을 찾으면서 자연스럽게 매출이 상승하고, 진료 스케줄도 안정적으로 확보할 수 있어 병원 경영의 건전성을 높이는 중요한 요소가 됩니다. 더 중요한 것은, 마케팅을 통해 유입된 환자가 만족스러운 경험을 하면, 자연스럽게 가족이나 지인에게 우리 병원을 추천해 '소개 환자'를 늘리는 기회가 됩니다. 이런 소개 환자는 단순한 마케팅으로는 얻을 수 없는 깊은 신뢰도를 바탕으로 병원을 찾으며, 이것이 바로 마케팅이 만들어내는 선순환의 시작입니다.

또, 지속적인 마케팅 비용 투입은 우리 치과에 바로 사람을 끌어모으지 않더라도, 꾸준한 노출을 통해 우리 치과의 '인지도'를 올려줍니다. 당장은 필요를 느끼지 못하는 잠재 환자라도, 추후에 치과 진료가 필요할 때 우리 병원을 가장 먼저 떠올릴 확률이 높아지는 것입니다. 마지막으로, 적절한 마케팅 비용 투입을 통한 꾸준한 환자 유입과 적절한 업무량은 병원 구성원의 사기를 높입니다. 성장하는 조직에서 일한다는 자부심, 바쁘게 돌아가는 병원의 활기찬 분위기는 직원의 동기 부여가 되고, 이는 자연스럽게 환자 케어의 질적 향상으로 이어집니다.

결국 마케팅은 단기적인 수익을 넘어, 병원의 지속 가능한 성장을 위한 필수적인 '투자'입니다. 이러한 장기적인 관점을 버리고, 마케팅이 당장 효과가 없다고 투자를 바로 멈추면, 대부분의 병원은 성장을 멈춰버리거나 경쟁에서 뒤처지게 됩니다.

5) 광고 효율의 진실: 천만 원 쓰면 얼마나 벌까?

많은 원장님이 "적정 광고비는 얼마인가요?", "어떤 마케팅 채널에 얼마를 쓰는 것이 적절한가요?" 같은 질문을 합니다. 속 시원하게 마케팅 비용 천만 원을 사용했을 때 얻을 수 있는 기대 효과에 대해 말씀드리자면, 그 결과는 결코 속 시원하게 단정 지을 수 없습니다.

우선 광고비로 무엇을 하는지 알아야 합니다. 많은 경우 특정 채널이나 광고 대행업체를 통해 광고비를 사용한다면, 그 돈은 웹사이트나 특정 페이지로 사람들을 데려오는 '트래픽'을 일으키거나, 환자의 정보(전화번호, 상담 신청 등)인 '리드'를 확보하는 데 사용됩니다. 조금 더 정확하게 말하자면, 모든 광고는 궁극적으로 리드 확보를 위해 사용되어야 하며, 트래픽을 일으키는 것 또한 결국 리드 확보를 위함입니다.

그렇다면 온라인 광고의 목적은 결국 트래픽을 일으켜서 리드를 확보하는 것이라고 정의할 수 있는데, 이때 우리가 체크해야 할 것은 '효율'입니다. 어떤 광고는 200원에 우리가 원하는 페이지에 한 사람을 데려올 수 있지만, 경쟁이 치열한 키워드 광고는 수만 원을 써야 간신히 한 사람을 데려올 수 있습니다. 즉, 똑같이 천만 원을 사용해도 광고 소재와 채널 적합성에 따라 트래픽 양은 천지 차이입니다.

또, 그렇게 만들어진 트래픽을 실제 리드로 전환시키는 것은 광고를 보고 도달한 '랜딩 페이지'의 역할입니다. 따라서 랜딩 페이지의 내용, 디자인, 사용자 편의성 등 퀄리티에 따라 트래픽이 실제 리드로 전환되는 효율 또한 엄청난 차이가 납니다. 0.5% 전환율을 보이는 페이지와 5% 전환율을 보이는 페이지는 같은 트래픽으로도(같은 돈으로도) 실제 리드 확보에서 10배가량 차이가 나게 되는 것입니다.

그런데 문제는 이 리드가 곧 환자의 실제 방문으로 연결되는 것이 아니라는 점입니다. 리드를 실제 방문으로 전환시키는 것은 이제 병원 내부의 역량, 예를 들어 전화나 온라인 상담 응대의 질과 신속성입니다. 적절한 응대 프로토콜이 갖추어진 병원과 그렇지 않은 병원은 또 엄청난 결과의 차이가 납니다. 여기서 끝이냐고요? 당연히 그렇지 않습니다. 그렇게 어렵게 방문해 진료를 받은 환자가 만족해서 '소개 환자'를 데려오는 것까지 고려해야 합니다. 이 또한 우리 진료 실력을 포함한 병원의 전반적인 경험 관리 역량에 달려있습니다.

결국, 광고 효율은 이러한 각 단계의 전환율이 복합적으로 쌓여 결정됩니다. 그러니 "천만 원 쓰면 매출이 얼마나 올라갈 수 있어요?"라는 질문이 얼마나 부질없는지 알아야 합니다. 병원의 광고 효율은 그런 식으로 단순하게 체크하는 것이 아닙니다. 이는 마치 "단백질 20g을 먹으면 내일 아침에 내 근육 합성량이 얼마나 될까요?"라고 물어보는 것보다도 더 낮은 수준의 질문일 수 있습니다. 결국 우리는 특정 광고에만 집중할 것이 아니라, 병원 경영 전체와 맞물려 돌아가는 통합적인 '마케팅'에 집중해야 합니다. 광고비 없이 매출을 늘리고 싶다면, '페이션트 퍼널' 최적화, 즉 환자 경험의 모든 단계를 개선하는 데 도전하는 것이 현명합니다.

2
브랜딩
: 우리 병원만의 '뾰족함' 만들기

수많은 치과 속에서 우리 병원이 환자에게 선택받기 위해서는, 단순히 좋은 진료를 제공하는 것을 넘어 우리 병원만의 특별한 '색깔'과 '가치', 즉 '브랜드'를 구축해야 합니다. 그리고 이 브랜드를 환자 마음속에 각인시키는 과정이 바로 '브랜딩'입니다.

1) 강점 제대로 알리기: 환자가 느끼는 강점 VS 우리만 아는 특성

우리 치과의 강점에 대해서 진지하게 생각해 보셨나요? 개원 초기 인테리어를 위해서나 홈페이지, 블로그를 꾸미기 위해서 잠깐 고민한 게 전부일 확률이 높습니다. 그 고민의 깊이가 깊지 않기 때문에, 찾아낸 우리의 강점 또한 그다지 환자에게 매력적이지 않을 수 있습니다.

우리가 자주 사용하는 문구들을 생각해 봅시다. '서울대 졸업', '전문의', '외래교수', '야간진료', '주말 진료', '원내 기공실 운영', '세미나 연자', '임플란트 수만 개 식립', '구강 스캐너 다수 보유' 등입니다. 묘한 위화감이 들어야 하는데, 우리 입장에서는 너무 자주 보고 흔하게 접하는 문구라 그렇지 않습니다. 이런 것들이 정말 우리 치과의 '강점'일까요?

이런 문구의 위력이 떨어지는 이유는, 대부분 우리 치과가 가지고 있는 '특성'이지, 환자가 직접적으로 느낄 수 있는 '강점'이나 '혜택'은 아니기 때문입니다. 즉, 이 표현들의 주어는 '우리 치과'입니다. '우리 치과는 어떠하다.', '무엇이 있다.'라는 식이죠. 하지만 정말 우리 치과의 강점이라면, 그 표현의 주어가 '환자'가 되어야 하고, 환자가 그로 인해 어떤 이득을 얻는지 명확히 느낄 수 있어야 합니다. 예를 들어, '우리 치과는 원내 기공실을 운영합니다.'라는 문장을 봅시다. 병원 입장에서는 원내 기공실이 있으면 일하기도 편하고 여러모로 참 좋습니다. 이는 우리 치과의 중요한 특성이며, 우리가 생각할 때는 명확한 강점입니다. 하지만 환자의 입장에서는요? 원내 기공실이 있다는 사실을 대문짝만하게 써 놓아도 환자 머릿속에는 아무런 생각도 떠오르지 않습니다. '그래서 뭐? 그게 나랑 무슨 상관인데?', '서울대 졸업이라서 나한테 뭐가 좋은 건데?', '전문의라서 뭐가 다른데?', '임플란트는 몇 개를 심어야 많은 건데?', '구강 스캐너가 도대체 뭔데?' 같은 물음표만 남길 뿐입니다.

치과의 특성이 아닌, 치과의 진짜 강점은 환자가 그 가치를 직접 느끼고 경험할 수 있는 것이어야 합니다. 예를 들어, "원내 기공실을 통해 더욱 정밀하고 빠른 보철 치료를 받으실 수 있으며, 수정이 필요할 때도 신속하게 대처해 드릴 수 있습니다."같이 환자가 얻는 실질적인 이점을 명확히 전달해야 합니다.

2) 브랜딩의 핵심: 일관성, 톤 앤드 매너, 그리고 과감한 포기

드라마 '더 글로리'에서 전재준의 명대사가 있죠. "X년 짓을 하려면 제대로 해. 그래야 X년 안 되고 난년 되는 거야. 지금 좀 어설퍼너." 감탄밖에 안 나오는 배우의 연기는 잠시 접어두더라도, 이 문장에는 브랜딩에 관한 핵심적인 통찰이 담겨 있습니다. 바로 '어설프게' 해서는 안 되며, 확실한 자기 색깔을 가져야 한다는 것입니다.

브랜딩이 무엇일까요? 예쁜 로고를 만드는 것일까요? 홈페이지를 멋지게 만드는 것일까요? 인테리어를 통일감 있게 하는 것일까요? 당연히 이 모든 것이 브랜딩의 일부일 수는 있지만, 본질은 아닙니다. 브랜드는 내가 주장한다고 만들어지는 것이 아니라, 우리를 찾는 환자가 우리 병원의 가치를 경험하고 그것을 '인정'해 주는 단계를 거쳐야 비로소 형성됩니다. 결국 브랜딩이란, 내가 가고자 하는 명확한 방향(우리 병원의 정체성, 핵심 가치)을 설정하고, 그 방향에 맞춰 모든 행동과 목소리(톤 앤드 매너)를 일관되게 쌓아가면서, 그것을 우리 고객인 환자가 분명하게 느끼고 깊이 공감하며 인정하게 만드는 총체적인 '과정'이라고 할 수 있습니다.

사람들은 기본적으로 자기 자신에게만 관심이 있지, 남에게는 별로 관심이 없습니다. 그래서 남에게 우리 병원의 존재와 가치를 제대로 알리고 인정받으려면, 상당히 '뾰족할' 필요가 있습니다. 어중간하거나 이것저것 다 잘한다고 말하는 것은 아무런 인상도 남기지 못합니다. 그렇게 뾰족한 브랜딩을 위해서는 다음 세 가지가 반드시 필요합니다.

- **내가 가고자 하는 방향에 대해 흔들리지 않는 확고함:** 우리 병원이 환자에게 어떤 가치를 제공하고, 어떤 병원으로 기억되길 원하는지에 대한 명확하고 확고한 신념이 있어야 합니다.

- **일관된 톤 앤드 매너(Tone&Manner):** 병원의 모든 접점(인테리어, 직원 응대, 온라인 콘텐츠, 광고 메시지 등)에서 일관된 분위기와 메시지를 전달해야 합니다.

- **어울리지 않는 것을 과감히 쳐내는 용기:** 우리가 추구하는 브랜드 이미지와 맞지 않는 요소들은 아무리 좋아 보이거나 유행해도 과감하게 포기할 줄 알아야 합니다. 버리지 못하면 뾰족해질 수 없고, 결국 무뎌져서 아무런 특징 없는 병원이 되고 맙니다. 예를 들어, '임플란트 전문 치과'라는 브랜딩을 원한다면, 교정이나 소아 진료 등 다른 분야에 대한 미련을 버리고, 임플란트에 모든 역량과 메시지를 집중해야 합니다. 교정도 놓치기 싫고, 소아 환자도 놓치기 싫다면, 환자 머릿속에 '임플란트 전문'이라는 뾰족한 브랜딩은 결코 각인될 수 없습니다.

3) '뾰족함'을 만드는 3가지 방법(사람, 상품, 판매 방식)

결국엔 '뾰족해져야' 합니다. 감히 앞으로 치과계 흐름을 예상해 보자면, 특정 진료 분야나 특정 진료 경험에 매우 능숙하고 독보적인 강점이 있는, 그래서 그 분야에서만큼은 '유명한' 치과가 점점 더 늘어날 것입니다. 뾰족해져야 하는 이유는 아주 간단합니다. 이미 수많은 치과가 경쟁하고 있고, 개개인이 모두 스피커가 되는 소셜 미디어 시대에는, 뾰족하지 않으면 발견될 수조차 없습니다. 사람들 눈에 띄지 않는 사업은 결코 잘 될 수 없습니다.

뾰족해지는 방법은 크게 세 가지가 있습니다.

- **내가 뾰족한 사람 되기**: 이것은 타고난 재능이나 카리스마, 혹은 압도적인 외모 등으로 그 자체로 독보적인 존재가 되는 것입니다. 예를 들어, 배우 차은우 씨가 치과의사가 된다면... 그 자체로 1번일 것입니다. 하지만 대부분에게는 해당 사항이 없을 가능성이 큽니다.

- **뾰족한 상품(서비스) 팔기**: 세상에 없던 혁신적인 치료법을 개발하거나, 세계 최초로 특정 시술을 성공시키는 등, 누구도 따라올 수 없는 독점적인 상품이나 서비스를 제공하는 것입니다.

예를 들어, 세계 최초로 임플란트를 식립했다면 2번일 것입니다. 이 또한 현실적으로 대부분의 치과가 달성하기 어려운 목표입니다.

- **뾰족한 방식으로 팔기:** 이것이 바로 대부분의 치과가 집중하고 노력해야 할 부분입니다. 동일하거나 유사한 진료 서비스를 제공해도, 그것을 전달하고 경험하게 하는 '방식'에서 차별화를 둬 뾰족함을 만드는 것입니다.

뾰족한 방식으로 팔기 위해서, 우선 우리가 익숙한 '진료 단위'로 뾰족해질 수 있습니다. 소아치과나 교정과처럼 이미 전문 분야로 인식된 것 외에도, 특정 임플란트 술식 전문, 고난도 심미치료 전문, 통증 없는 레진 치료 전문, 사랑니 발치 전문 등 특정 진료 영역에 대한 깊이 있는 전문성을 구축하고 이를 적극적으로 알리는 것입니다.

두 번째로, '타깃 환자군'을 뾰족하게 가져가는 방법도 있습니다. 모든 연령, 모든 유형의 환자를 다 만족시키려 하기보다, 특정 환자군에 최적화된 서비스를 제공하는 것입니다. 예를 들어, 고령층 환자를 위한 편의시설과 맞춤형 진료 시스템을 갖춘 치과, 반대로 젊은 층을 대상으로 한 트렌디하고 소통 중심적인 치과, 바쁜 직장인을 위해 오후와 야간 진료만 집중적으로 운영하는

> 치과, 혹은 아직은 없지만 특정 성별(예: 남성 구강 건강 전문)만을 대상으로 한 치과 등도 생각해 볼 수 있습니다.
>
> 마지막으로, '경험'을 뾰족하게 가져갈 수 있습니다. 환자가 병원에서 겪는 전반적인 경험을 특정 테마에 맞춰 차별화하는 것입니다. 예를 들어, '대기시간 0분'을 목표로 예약 시스템과 진료 흐름을 혁신한 치과, 또는 저처럼 치과 공포증이 심한 '겁쟁이 환자'의 심리적 안정과 편안한 진료 경험을 최우선으로 하는 치과 등을 만들어볼 수도 있습니다.

결국 '뾰족하다'라는 표현에 집중해야 합니다. 그리고 이렇게 뾰족해지기 위해서는, 마치 칼을 갈듯이 정성을 다해서 지속적으로 갈고 닦아야 합니다. 첫째, '정성(진심과 노력)'과 둘째, '지속성(일관성과 꾸준함)'이 더해질 때, 우리는 비로소 뾰족해질 수 있습니다. 이렇게 말하고 보니, '뾰족함'은 결국 '브랜딩'의 다른 이름입니다.

4) 하고 싶은 진료를 많이 하는 방법: 브랜딩과 퍼널 설계

'가장 많이 하고 싶은 진료'에 대해 집중하고 그에 맞춰 준비하는 것은 매우 중요한 일입니다. 이것은 일종의 경영 목표를 이루기 위한 전략적인 준비 과정이라고 할 수 있습니다. 임플란트를 많이 하고 싶다면, 그만큼 많은 임플란트 환자를 유치하고 만족시킬 만한 준비(시설, 장비, 인력, 시스템, 마케팅)가 되어 있어야 하고, 심미 레진을 많이 하고 싶다면 해당 분야 전문성과 환자 경험을 극대화할 수 있는 적절한 준비가 되어 있어야 합니다.

내가 자주 하고 싶은 특정 진료를 우리 병원의 중심으로 만들기 위해서는, 그 분야에 대한 우리 병원만의 '브랜딩'을 꾸준히 쌓아가는 시간이 필요합니다. 해당 진료가 필요한 환자들(CC, Chief Complaint)에 대한 깊이 있는 이해를 바탕으로, 그들의 눈높이에 맞는 마케팅 메시지를 전달하고, 내원 시 경험하게 될 내부 퍼널(상담, 진료, 관리 과정) 전체를 해당 진료에 최적화해 설계해야 합니다. 이렇게 모든 것이 조화롭게 이루어져 환자에게 멋진 경험을 제공할 때, 그 경험은 입소문(오프라인이든 온라인이든)을 통해 전파되기 시작하고, 이는 그와 비슷한 고민이나 필요를 가진 다른 잠재 환자를 더 많이 불러오게 만듭니다. 당연히 이렇게 되기까지는 제법 많은 시간과 일관된 노력이 필요합니다.

그리고 이 과정에서 아주 중요한 일이 하나 있습니다. 그것은 바로, 내가 특별히 주력하고 싶은 진료 외에, '현재 가장 많이 하고 있는 진료'에 대해서도 소홀히 하지 않고, 그 경험의 질을 최고로 끌어올리는 것입니다. 대부분의 치과에서 이 진료는 아마도 검진과 스케일링, 혹은 간단한 충치 치료일 것입니다. 지금 많이 하는 일반적인 진료 경험에 집중하고 그 만족도를 높일수록, 내가 정말로 보고 싶은 특정 진료 분야 환자를 만나게 될 확률이 높아집니다. '닭 잡는 데 소 잡는 칼을 쓰지 말라.'라는 옛말은, 어쩌면 현대 사회, 특히 서비스업에서는 완전히 틀린 말일지도 모릅니다. 지금은 어떤 상황에서든, 어떤 환자를 대하든 최선을 다해 최고의 경험을 제공해야 합니다. 그리고 그 하나하나의 최선이 모여 나의 브랜딩을 만들고, 내가 원하는 환자를 불러 모으는 자력이 됩니다.

5) 뻔뻔한 마케팅: 잘하는 건 적극적으로 알려라

잘하면 잘한다고 떠들어야 하는 세상입니다. '뻔뻔해야 성공한다'라는 책도 있습니다. '뻔뻔하다'라는 말의 사전적 의미는 '부끄러운 짓을 하고도 염치없이 태연하다.'이지만, 우리는 여기서 '염치없이'라는 부정적인 뉘앙스만 제거해서 사용하도록 하죠. 즉, 어쩌면 스스로 자랑하기엔 다소 부끄러울 수 있는 우리 병원이나 나의 강점을 '태연하게', 그리고 '자신감 있게' 알릴 수 있어야 한다는 의미입니다.

내가 아무리 임플란트 수술을 많이 해도, 교정 케이스가 풍부해도, 심미 레진을 기가 막히게 잘해도, 그것에 대해 적극적으로 떠들지 않으면 환자는 그 사실을 알 길이 없습니다. 내가 환자를 위해 아무리 멋진 시설과 시스템, 그리고 특별한 경험을 많이 준비했어도, 그것을 알리지 않으면 환자는 그 가치를 전혀 알 수 없습니다. 알 수 없는 것이 저절로 소문이 날 확률은 거의 제로에 가깝습니다.

내가 잘한다고, 우리 병원이 특별하다고 떠들 수 있는 수단은 여러 가지가 있습니다. 온라인에서는 블로그 포스팅, 유튜브 영상, 인스타그램·페이스북·틱톡·스레드 같은 소셜 미디어 게시물, 네이버 플레이스 정보 최적화, 병원 홈페이지 콘텐츠 강화 등이 있을 것이고, 오프라인에서는 원내에 비치하는 각종 안내물(브로슈어, 포스터, 배너 등), 그리고 환자 응대 시 직원이 활용하는 표준화된 멘트나 상담 프로토콜 등이 있을 것입니다. 그 외에도 활용할 수 있는 채널은 무궁무진합니다.

중요한 것은 '떠들어야 한다'는 사실 그 자체입니다. 떠들지 않으면 모르고, 모르면 안 오고, 안 오면 망합니다. 이유를 조금 압축해서 말하면, 지금이 바로 소셜 미디어 시대이기 때문입니다. 개인의 목소리가 그 어느 때보다 크고 멀리 퍼져나가는 시대, 반짝이는 사람과 정보가 너무나 잘 보이는 개인 미디어의 시대이기 때문입니다. 내가 스스로 빛을 내며 반짝이지 않으면, 사람들은 이미 저 멀리서 더 밝게 반짝이고 있는 나른 별(다른 치과, 다른 의사)을 따라가 버릴 것입니다. 그러니 부디 알리고, 떠드십시오.

3
콘텐츠 마케팅
: 광고 없이 환자를 모으는 기술(무자본 마케팅)

전통적인 광고 방식은 막대한 비용이 들고 그 효과 또한 일시적인 경우가 많습니다. 하지만 '콘텐츠 마케팅'은 적은 비용, 혹은 전혀 비용을 들이지 않고도(그래서 '무자본 마케팅'이라고도 합니다.) 잠재 환자와의 신뢰를 구축하고, 장기적으로 병원의 강력한 자산을 만들어가는 매우 효과적인 전략입니다.

1) 소셜 미디어 시대, 왜 떠들어야 하는가?

과거에는 진료만 잘하면 환자가 알아서 늘어난다는 말이 어느 정도 통했습니다. 구환(기존 환자)과 소개 신환이라는 개념 덕분입니다. 이것이 강력했던 이유는 과거에는 병원에 대한 정보를 얻는 것이 그다지 쉽고 편한 일이 아니었기 때문입니다. 하지만 세상이 달라졌습니다. 첫째, 정보를 얻는 일이 아주 쉬워졌고, 둘째, 서비스 제공자(병원, 의사)가 직접 정보 제공자가 되는 경우가 아주 많아졌습니다.

따라서 구환과 소개 신환은 여전히 아주 중요하지만, 이제는 가만히 앉아 있으면 그들조차 다른 치과로 떠날 확률이 높습니다. 이제는 적극적으로 '떠들어야' 합니다. 내가 정보 제공자가 되지 않으면, 즉 마케팅, 특히 콘텐츠를 통한 정보 제공을 등한시하면, '과거라면' 당연히 나를 찾아왔을 환자조차 나를 떠나게 될 것입니다. 그리고 이러한 변화는 이미 빠르게 진행 중이며, 이를 인지하지 못하는 치과는 앞으로 생존 확률이 매우 떨어질 것입니다. 어쩌면 이러한 변화는 저수가 경쟁보다도 더욱 파괴적으로 치과계의 모습을 바꿔 놓을지도 모릅니다.

많은 원장님이 '나는 마케팅은 필요 없어. 정직하게 진료하다 보면 다들 알아주겠지.'라고 생각할 수 있습니다. 하지만 사람들이 '알아주게 만드는 모든 행위'가 바로 마케팅입니다. 반대로 '마케팅(광고)이 모든 걸 해결해 줄 거야.'라고 믿는 원장님도 있습니다. 하지만 치과의 근본은 진료와 진료 경험이며, 이 부분이 취약한 상태에서 마케팅에만 전적으로 의존하는 것은 사상누각과 같습니다. 마케팅이 결국 경영의 전체 과정과 다르지 않음을 이해하고, 지속적으로 나의 이야기를 쌓아가면서 광고가 아닌 '브랜딩'을 하는 것이 가장 이상적인 방향입니다.

2) 콘텐츠 마케팅의 핵심: 꾸준함과 플랫폼 선택

콘텐츠 생산을 통한 브랜딩에 도전한다면, 다음의 핵심 원칙을 기억해야 합니다.

- **꾸준함이 생명이다:** 어떤 플랫폼을 선택하든, 가장 중요한 것은 꾸준하게 콘텐츠를 생산하고 발행하는 것입니다. 어쩌다 한 번 올리는 양질의 콘텐츠보다, 조금 부족해도 규칙적으로 꾸준히 올리는 콘텐츠가 장기적으로 더 큰 힘을 발휘합니다.

- **할 수 있는 만큼만, 그러나 제대로:** 꾸준함을 유지하기 위해서는 처음부터 너무 거창한 목표를 세우기보다, 내가 현실적으로 감당할 수 있는 만큼의 노력과 시간을 투자해야 합니다.

- **초기에는 하나의 플랫폼에 집중:** 이 플랫폼, 저 플랫폼 기웃거리기보다는, 초기에는 우리 병원 특성과 타깃 환자층에 가장

잘 맞는다고 생각되는 하나의 플랫폼을 선택해 그 플랫폼의 특성을 완전히 이해하고 최적화하는 데 집중해야 합니다.

- **반응을 살피고 소통:** 콘텐츠가 쌓이기 시작하면 사람들의 반응이 보이기 시작합니다. 댓글, 좋아요, 공유, 문의 등 다양한 형태의 반응을 소중히 여기고, 이를 통해 잠재 환자와 적극적으로 소통해야 합니다.

- **데이터 기반 개선:** 반응이 좋은 콘텐츠는 왜 좋은지 분석해 더 발전시키고, 반응이 별로인 콘텐츠는 과감히 제거하거나 다른 방식으로 개선해야 합니다.

- **성공 경험을 바탕으로 확장:** 하나의 플랫폼에서 어느 정도 자리를 잡았다면, 그 성공 경험과 노하우를 바탕으로 다른 플랫폼으로 확장을 시도할 수 있습니다.

3) 트래픽의 질 VS 양: 콘텐츠 기반 트래픽의 힘

온라인에서는 '트래픽(방문자 수, 조회 수)이 곧 권력'이라는 말이 있습니다. 트래픽이 돈과 비슷한 역할을 하기 때문입니다. 하지만 모든 트래픽이 같은 가치를 지니는 것은 아닙니다. 트래픽은 그 획득 목적과 가공 방식에 따라 돈이 되기도 하고, 아무 의미 없는 숫자에 불과할 수도 있습니다. 잘 설계된 트래픽만이 돈이 되고, 설계되지 못한 트래픽은 의미가 없습니다.

병원 마케팅에서 가장 중요한 것은 결국 트래픽의 '양' 그 자체가 아니라 트래픽의 '질'입니다. 콘텐츠를 통해 만들어진, 우리 병원의 전문성과 가치에 대해 어느 정도 이해하고 찾아오는 '정제된 고품질 트래픽'과 단순히 자극적인 광고 문구나 이벤트에 반응해 유입된 '허접한 일반 트래픽'은 비교 자체가 불가능합니다.

광고를 통해 들어오는 트래픽은 말 그대로 숫자만 많고 이어지는 실질적인 액션(상담 신청, 내원 등)이 없는 경우가 많습니다. 광고를 보고 들어온 사람은 병원에 대한 깊이 있는 정보나 신뢰 없이, 단순히 가격이나 이벤트 등 자극적인 정보에 반응해서 방문하는 경우가 대부분이기 때문입니다. 이러한 환자는 실제 내원 빈도도 떨어질 뿐 아니라, 내원 시 상담 과정에서도 치료에 대한 동의율이 낮고, 치료 후에도 재방문율이 떨어지는 경향이 있습니다. 이를 기반으로 한 병원의 장기적인 성장을 기대하기는 어렵습니다.

반면, 블로그 글, 유튜브 영상, SNS 콘텐츠 등 양질의 콘텐츠를 기반으로 유입된 고품질의 트래픽은 완전히 다릅니다. 이러한 콘텐츠를 통해 병원의 전문성, 진료 철학, 그리고 차별점을 이미 인지한 환자는 병원에 대한 어느 정도의 신뢰를 갖고 방문합니다. 이런 환자는 상담 과정에서도 치료에 비교적 쉽게 동의하고, 재방문 가능성도 매우 높습니다. 신뢰를 바탕으로 페이션트 퍼널의 후속 단계를 쉽게 밟아 나가며, 단순히 한 번 치료받고 끝나는 관계가 아니라 병원과 장기적인 관계를 이어 나갈 가능성이 큽니다.

콘텐츠는 광고와 달리 병원의 소중한 '자산'으로 남습니다. 광고는 예산이 끊기면 그 효과도 즉시 사라지지만, 잘 만든 블로그 글이나 유튜브 영상은 몇 년이 지나도 꾸준히 새로운 환자를 데려오는 힘이 있습니다. 이는 단순히 트래픽 숫자를 넘어, 병원의 브랜드 가치를 만들고 신뢰를 쌓는 매우 중요한 요소입니다.

4) 블로그 마케팅 제대로 하기: 키워드 선정의 오해와 진실

키워드에 대해서 고민할 때, 많은 분이 주로 검색량과 발행량 등의 경쟁 강도로 그 가치를 파악하는 경향이 있습니다. 하지만 그런 것들은 우리 병원의 실제 성장에 있어서 그렇게까지 중요하지 않습니다.

많은 원장님이 '이 글을 발행했을 때 내 글이 상위에 노출될 것인가, 아닌가'를 가장 먼저 생각합니다. '검색량 300회짜리는 내 글이 상위에 노출될 거야.', '검색량 2,000회짜리는 내 글이 노출되지 않을 거야.'같이 말이죠. 흔한 블로그 마케팅 강사들은 검색량이 적은 키워드에서 상위 노출을 통해 블로그 지수를 상승시키고, 점차 검색량이 높은 키워드를 잡아 나가라고 이야기합니다. 이런 방식으로 블로그를 키우기 위해서 키워드를 대형 키워드, 소형 키워드, 그리고 내가 노출 가능한 '황금 키워드' 등으로 분류하기도 합니다. 하지만 다시 한번 강조하지만, 이러한 판단은 우리 치과 경영의 본질적인 목표와는 거리가 있을 수 있습니다. 이 방법은 말 그대로 '블로그'를 키우는 방법이지, '치과'를 키우는 방법은 아니기 때문입니다. 블로그를 키워서 그걸로 협찬도 받고, 광고비도 받기 위한 파워 블로거가 목표라면 맞는 방식일 수 있지만, 우리 치과의 성장이 목표라면 다른 접근이 필요합니다.

블로그의 성장이 곧 치과 성장을 의미하지는 않습니다. 조회 수가 수천 회에 달해도 실제로 신환을 유치하지 못하는 블로그도 있고, 하루 방문자가 고작 수십 명이지만 지속적으로 실제 내원 환자를 창출하는 블로그도 있습니다. 우리 치과의 블로그는 당연히 치과의 성장을 목표로 해야 합니다. 그렇게 하기 위해서는 키워드를 단순한 검색량 사이즈에 따라 분류하는 것이 아니라, 철저하게 '환자의 눈'이라는 기준에서 분류해야 하며, 그 분류는 구매(치료 결정)에 가까운 간절한 사람의 키워드와 구매에서 먼, 단순한 호기심을 가진 사람의 키워드로 크게 나눌 수 있어야 합니다.

예를 들어, 월간 검색량이 1,000회인 키워드와 20회인 키워드 중 어느 키워드의 상위 노출이 더 효과적일지 단정할 수 없습니다. 만약 검색량 1,000회인 키워드가 '치과 칫솔 추천'이라면, 1,000명이 그 글을 보더라도 실제로 우리 치과에 방문하는 사람은 0명일 가능성이 큽니다. 반면, 월간 검색량이 고작 20회에 불과한 키워드라도, 예를 들어 '초지동 치아 파절 긴급 치료'처럼 매우 구체적이고 치료 의도를 명확히 담고 있다면, 그중 한두 명, 많게는 다섯 명까지도 우리 치과를 찾을 수 있습니다. 물론, 글의 퀄리티가 뛰어나고 의사의 진정성이 느껴져야 가능한 이야기입니다.

블로그 마케팅을 단순히 검색량이 수천, 수만 회에 달하는 키워드에서 상위 노출을 목표로 레벨업하듯 지수를 쌓는 게임처럼 생각해서는 안 됩니다. 그런 방식은 앞서 말했듯 광고 수익이나 협찬을 노리는 블로거에게 필요한 방식입니다. 검색량이 높은 일반적인 키워드는 대부분 포괄적이어서, 소비 단계에서 실제 치료 결정과는 거리가 먼 사람이 검색하는 경우가 많습니다. 그런 사람에게 노출되더라도, 이를 통해 직접적인 이득을 얻는 경우는 압도적인 브랜딩을 갖춘 제품이거나 막대한 트래픽을 돈으로 전환할 다른 수단(예: 광고 수익)이 있는 경우뿐입니다. 예를 들어, '임플란트'라는 전국 단위의 초광범위 키워드로 검색 순위에서 1위를 차지한다고 해도, 실제로 우리 동네, 우리 치과에 올 사람은 생각보다 많지 않을 것입니다. 블로그는 그렇게 작동하지 않습니다. 우리 병원 블로그는 하나하나의 정성스러운 포스팅을 쌓아서, 정말 우리 병원의 진료가 필요한 더 많은 잠재 환자가 우리를 더 쉽게 찾고 신뢰할 수 있도록 만들어주는 과정 그 자체여야 합니다.

5) 유튜브 시작 가이드: 촬영부터 편집, 채널 관리까지

이제는 동영상 콘텐츠의 시대입니다. 유튜브는 병원의 전문성과 친근함을 동시에 보여줄 수 있는 강력한 플랫폼입니다. 유튜브를 시작하는 방법은 크게 다음과 같이 나누어 볼 수 있습니다.

① 혼자 다 하기(북 치고 장구치기)

-**기획**: 어떤 주제로 어떤 말을 할지 직접 정합니다. 이때 판다랭크나 블랙키위 같은 키워드 검색 사이트를 참고하면 콘텐츠 아이디어를 얻는 데 도움이 됩니다.

-**촬영**: 핸드폰이나 간단한 카메라로 직접 촬영합니다. 처음에는 혼자 카메라 앞에서 말하는 것이 생각보다 참 어렵다는 것을 알게 됩니다.(하지만 다른 사람 앞에서 하는 건 훨씬 더 어렵습니다.)

-**편집**: 주로 Vrew(자동 자막 및 컷 편집)나 CapCut(사용하기 쉬운 초보자용 편집 프로그램)을 사용합니다.

-**섬네일**: 유튜브 영상의 한 장면을 캡처하고, remove.bg 같은 사이트에서 배경을 제거(누끼 따기)한 후, 미리캔버스, Canva, 망고보드 등 디자인 툴을 이용해 글씨를 넣고 편집합니다.

-**비용**: 0원(시간과 노력은 무한대)

② 촬영은 직접, 편집과 섬네일은 전문가에게 맡기기: 전문 편집자의

실력은 대단해서, 말 그대로 죽은 영상도 살려내는 마법을 보여주기도 합니다. 따라서 촬영은 직접 하되, 편집과 섬네일 제작만 전문가에게 맡기는 것도 좋은 방법입니다. 크몽 같은 프리랜서 플랫폼에서 다양한 가격대의 편집자를 찾을 수 있고, 영상 길이나 요구 수준에 따라 편당 10만 원에서 50만 원 정도의 비용이 발생합니다. 채널 관리(업로드, 설명 작성 등)까지 해 주는 경우도 있습니다.

③ **전문가 팀에게 전체 위임하기:** 원장님은 오직 '배우' 역할만 하는 것입니다. 촬영팀이 와서 촬영해주고, 편집해주고, 섬네일도 만들어주고, 채널 업로드까지 해줍니다. 다만, 영상 퀄리티가 채널 운영의 성공과 반드시 비례하는 것은 아니므로, 이 방식이 반드시 성공을 보장하지는 않습니다. 하지만 어쨌든 가장 높은 수준의 영상 퀄리티를 뽑아낼 수 있는 방법이며, 시세는 편당 50만 원에서 200만 원, 혹은 그 이상까지 다양합니다.(영화처럼 만들고 싶은 분에게 추천합니다.)

④ **인하우스 영상팀 채용하기:** 전문가 팀을 아예 치과 내부에 채용하는 방식입니다. 정해진 급여를 제공하고 지속적으로 영상을 촬영하기 때문에, 원장님 노력 여하에 따라 편당 제작 비용이 매우 크게 줄어들 수 있습니다. 하지만 채용이라는 절차가 부담스러울 수 있고, 유튜브를 언제까지, 얼마나 집중적으로 할지도 확실하지 않다면 신중해

야 합니다. 콘텐츠 제작에 대한 확고한 비전과 장기적인 계획이 있다면 이 방법을 추천합니다.

6) 콘텐츠는 상품의 포장이다: 가치를 제대로 전달하는 법

제가 콘텐츠 마케팅을 가장 중요하게 생각하고 신봉하는 이유는, 콘텐츠가 곧 우리가 제공하는 상품(의료 서비스)에 대한 '포장'이기 때문입니다. 콘텐츠는 상품의 실체를 드러내 주면서 동시에 상품의 가치를 표현해 주고 높여줍니다.

제주도에서 한 잔에 5만 원짜리 커피를 마셔본 적이 있는데, 바리스타가 직접 커피를 가져와서 원두의 품종, 생산지, 가공 방식, 그리고 특별한 풍미에 대해서 자세히 설명을 해주더군요. 솔직히 커피 맛이야 제가 전문가가 아니니 잘 몰라도, 그런 정성스러운 설명을 듣고 나니 이 커피가 왜 5만 원인지 조금은 납득이 가고 그 가치가 다르게 느껴졌습니다. 바리스타의 설명이 바로 그 커피에 대한 훌륭한 '콘텐츠'였고, 그 콘텐츠가 상품의 가치를 높여준 것입니다.

치과에서 제공하는 진료도 마찬가지입니다. 콘텐츠는 이처럼 직접적인 설명일 수도 있고, 잘 쓰인 블로그 글일 수도 있고, 유익한 정보가 담긴 영상일 수도 있습니다. 중요한 것은 내가 정성껏 콘텐츠를 만드는 만큼, 내 상품, 즉 우리 병원 진료와 서비스가 잠재 환자에게 더 잘 드러나고 더 좋아 보인다는 것입니다. 콘텐츠가 우리 병원 가치를 근사하게 포장해 주는 것입니다. 언제까지 포장도 제대로 안 된 상품을 파시겠습니까?

7) 마케팅 자산 쌓기 : 휘발성 광고 VS 지속적 콘텐츠

마케팅을 바라보는 관점은 크게 두 가지로 나뉩니다. 하나는 돈을 쓰는 '비용'의 관점이고, 다른 하나는 돈을 버는 '자산'을 쌓는 관점입니다.

대부분의 병원이 하는 파워링크 광고, 버스 광고, 지역 신문 광고 등은 대표적인 '휘발성 마케팅'입니다. 광고비를 지출하는 순간에는 환자가 유입되는 것처럼 보이지만, 광고를 멈추는 순간 그 효과도 연기처럼 사라집니다. 이는 마치 월세를 내는 것과 같습니다. 돈을 내는 동안에는 공간을 사용할 수 있지만, 돈을 내지 않으면 아무것도 남지 않습니다. 이런 마케팅은 밑 빠진 독에 물을 붓는 것과 같아서, 장기적으로 병원을 불안하게 만드는 주된 요인이 됩니다.

반면, '지속적 마케팅'은 시간이 지날수록 저절로 가치가 쌓이는 '자산'을 만드는 활동입니다. 대표적인 예가 바로 블로그나 유튜브 채널에 양질의 콘텐츠를 쌓아나가는 것입니다. 처음에는 눈에 띄는 효과가 없어 보일 수 있지만, 정보가 담긴 글과 영상이 하나둘 쌓이면 이는 온라인상에 우리 병원만의 훌륭한 건물을 짓는 것과 같습니다. 한번 지어두면 광고비 없이도 잠재 환자들이 꾸준히 우리 병원을 찾아오게 만드는 강력한 자산이 됩니다.

단기적인 효과에만 매달려 휘발성 비용을 계속 지출할 것인가, 아니면 시간이 걸리더라도 우리 병원만의 지속 가능한 자산을 쌓아갈 것인가. 이 선택이 5년 후, 10년 후 병원의 운명을 결정짓습니다.

8) 무자본 마케팅의 성과와 핵심: 원장의 손품으로 만드는 온라인 브랜딩

저는 블로그 일 방문자 1,500명 이상, 유튜브 구독자 합계 3만 7,000명 이상, 인스타그램 치과 계정 팔로워 1만 명 이상, 당근마켓 단골 1,000명 이상, 스마트 플레이스 리뷰 3,500개 이상, 이메일 구독자 리스트 1,000명 이상, 그 외 틱톡 및 인스타그램 개인 계정 등을 운영하며 성과를 만들어왔습니다. 각 채널의 활성도를 보면 전문 인플루언서라고 부를 수는 없지만, 이 모든 것을 첫째, 오로지 치과와 관련된 이야기로, 둘째, 대행사 없이 직접, 셋째, 자극적인 어그로를 끌지 않고, 넷째, 불법적인 광고 없이, 다섯째, 큰돈을 들이지 않고 만들어냈습니다.

저는 이 부분을 '원장의 손품을 파는 우리 치과의 온라인 브랜딩' 이라고 이야기합니다. 혹자는 이를 '콘텐츠 마케팅'이라고도 하고, 또 일부에서는 '팬덤 마케팅'이라고도 합니다. 소개 환자의 중요성에 대해서는 아무리 강조해도 지나치지 않지만, 내가 직접 만든 콘텐츠를 보고 찾아오는 환자 또한 일종의 '소개 환자' 같은 성격을 띠게 됩니다. 다만 그 소개 주체가 다른 환자가 아닌, 콘텐츠를 통해 신뢰를 준 '나 자신'이 될 뿐입니다. 이것이 바로 제가 추구하는 핵심 내용입니다.

각 채널 운영에 대해 저보다 더 잘 아는 전문가는 세상에 널렸을 것입니다. 그러나 이러한 다양한 채널 믹스를 실제 치과 성장에 어떻게 유기적으로 적용하고 시너지를 내야 하는지에 대해서는, 제가 직접 모든 것을 설계하고 현장에서 경험하며 부딪히고 있기 때문에 그 누구보다 깊이 있는 노하우를 가지고 있다고 자부합니다. 많은 원장님이 적게는 매달 수백만 원, 많게는 수천만 원을 마케팅 명목으로 사용하지만, 정작 무엇이 필요하고, 잘하고 있는지, 못하고 있는지, 판단 기준조차 없는 상태로 그 큰돈을 오직 불안감을 해소하기 위해 퍼붓고 있습니다. 그럴 돈이라면 차라리 기부하는 게 낫지 않을까 하는 생각도 듭니다. 연간 수천, 수억 원을 마케팅에 들이붓기 전에, 제발 이러한 무자본 마케팅의 원리와 방법을 먼저 이해하고 실행해 보기를 권합니다.

4
입지와 온라인 마케팅의 상호작용

과거에는 병원 성공에 있어 '입지'가 절대적인 요소로 여겨졌습니다. 하지만 온라인 시대가 도래하면서, 입지 개념은 오프라인을 넘어 온라인 공간까지 확장되었으며, 이 둘은 서로 밀접하게 영향을 주고받습니다.

1) 오프라인 입지 선정의 3가지 팁

온라인에서의 브랜딩만큼이나 병원의 성공에 결정적인 영향을 미치는 것이 바로 오프라인 입지, 즉 '어디에 개원할 것인가'입니다. 아무리 실력이 뛰어나고 내부 시스템이 훌륭해도, 잘못된 입지 선정은 성장의 발목을 잡는 치명적인 족쇄가 될 수 있습니다. 다음은 수많은 개원 컨설팅 경험을 통해 얻은 입지 선정의 3가지 핵심 팁입니다.

① **'나'의 위치가 아닌 '환자'의 위치에서 보라:** 많은 원장님이 자신의 출퇴근 편의성이나 익숙함을 기준으로 입지를 선택하는 실수를 저지릅니다. 하지만 입지 선정의 중심은 철저히 '환자'가 되어야 합니다. 우리 병원의 주된 타깃 환자층은 누구이며, 그들은 어디에 거주하고, 어디에서 일하며, 어떤 동선으로 움직이는지를 분석해야 합니다. 그들의 생활 반경 내에, 그들의 눈에 가장 잘 띄고, 가장 방문하기 편한 곳이 최고의 입지입니다.

② **1층 'A급 상권'의 환상을 버려라:** 물론 유동인구가 많은 1층 대로변 상가는 매력적입니다. 하지만 그만큼 임대료 부담이 기하급수적으로 커져, 병원의 재무 건전성을 심각하게 위협할 수 있습니다. 치과는 미용실이나 편의점처럼 지나가다 우연히 들르는 곳이 아닙니다. 환자는 명확한 목적을 가지고 검색과 추천을 통해 병원을 찾아옵니다.

따라서 비싼 1층을 고집하기보다는, 임대료가 합리적인 2~3층 이상의 건물이라도 환자의 눈에 띌 수 있는 '가시성'과 '접근성'(주차 편의성, 대중교통 연결 등)이 확보된 곳을 선택하는 것이 훨씬 현명합니다.

③ **경쟁 병원은 '적'이 아닌 '데이터'다:** 성공적으로 운영되고 있는 경쟁 병원이 주변에 있다는 것은, 그 지역에 이미 해당 진료 과목에 대한 충분한 수요가 검증되었다는 긍정적인 신호입니다. 경쟁 병원의 존재를 두려워할 것이 아니라, 오히려 철저히 분석해야 합니다. 그 병원의 주력 진료 과목은 무엇인지, 환자들의 평가는 어떤지, 마케팅은 어떻게 하는지를 분석하여, 우리가 그 시장에서 어떤 차별화된 포지셔닝을 가져갈 수 있을지를 고민하는 '데이터'로 활용해야 합니다. 때로는 잘되는 병원 옆이 가장 좋은 입지가 될 수도 있습니다.

2) 온라인 입지 vs 오프라인 입지

과거 병원의 성공은 '오프라인 입지'가 전부라고 해도 과언이 아니었습니다. 유동인구가 많은 대로변, 아파트 단지 상가 등 소위 '목 좋은 곳'에 자리를 잡아야 환자가 찾아온다고 믿었습니다. 이는 마치 사람이 많이 지나다니는 길목에 가게를 여는 것과 같은, 전통적인 부동산의 개념이었습니다. 물론 지금도 물리적인 공간으로서의 오프라인 입지의 중요성은 여전합니다. 환자의 접근 편의성, 주차 공간, 주변 상권 등은 병원 선택에 있어 무시할 수 없는 요소이기 때문입니다.

하지만 시대가 변했습니다. 이제 환자는 길을 걷다 간판만 보고 병원에 들어가지 않습니다. 그들은 스마트폰을 꺼내 검색을 하고, 다른 사람의 후기를 읽고, 블로그나 홈페이지의 정보를 꼼꼼히 확인한 후에야 비로소 예약을 합니다. 바로 이 지점에서 '온라인 입지'라는 새로운 개념이 등장합니다.

온라인 입지란, 디지털 세상에서 우리 병원이 차지하고 있는 위치를 의미합니다. 네이버 지도에서 우리 병원이 상단에 노출되는 것, 특정 키워드를 검색했을 때 우리 병원의 블로그 글이 가장 먼저 보이는 것, 환자들이 남긴 긍정적인 후기가 잘 보이는 곳에 자리 잡고 있는 것, 모두가 훌륭한 온라인 입지입니다. 이는 마치 디지털 세상의 가장 번화한 사거리에 우리 병원만의 '디지털 건물'을 짓는 것과 같습니다.

훌륭한 오프라인 입지가 높은 임대료를 내야 하는 것처럼, 훌륭한 온라인 입지를 구축하기 위해서도 시간과 노력이라는 비용이 필요합니다. 하지만 한번 잘 지어놓은 디지털 건물은 24시간 잠들지 않고 우리 병원을 홍보하며, 물리적 공간의 한계를 뛰어넘어 훨씬 더 넓은 지역의 잠재 환자를 우리 병원으로 이끌어주는 가장 강력한 자산이 될 것입니다. 이제 성공적인 개원은 오프라인과 온라인, 두 개의 입지를 모두 잡는 것에서 시작됩니다.

3) 오프라인 입지 선정의 중요성과 온라인 마케팅 비용

이제는 입지라는 개념을 온라인과 오프라인, 두 가지로 입체적으로 바라봐야 합니다. 오프라인 입지가 다소 불리하더라도 강력한 온라인 입지로 충분히 커버할 수 있고, 거꾸로 온라인 입지가 다소 약해도 압도적인 오프라인 입지를 통해 어느 정도 만회할 수 있습니다.

결국 입지는 '돈'과 직결됩니다. 오프라인 입지에는 임대료라는 고정 비용이 따라붙고, 온라인 입지에는 마케팅비라는 투자 비용이 따라붙습니다. 오프라인 입지가 좋은, 즉 유동 인구가 많고 눈에 잘 띄는 임대료가 비싼 곳은 그만큼 별도의 마케팅비가 덜 필요할 수 있습니다. 반대로 임대료가 저렴한 곳은 그 이상의 마케팅비를 투입해야만 원하는 만큼의 환자를 유치할 수 있습니다. 한 블록 더 뒤로, 한 골목 더 안쪽으로 환자를 데려오기 위해서는 그만큼의 마케팅 노력이 필요한 것입니다.

온라인 입지는 우리의 다양한 활동(콘텐츠 제작, SEO, SNS 운영 등)과 필요에 따른 광고 집행을 통해 지속적으로 업그레이드할 수 있습니다. 하지만 오프라인 입지는 한번 정해지면 바꾸기가 매우 어렵고 큰 비용이 수반됩니다. 그러니 병원 자리를 정할 때는, 해당 상권 내에서 가능한 가장 좋은 자리, 즉 가장 가시성이 뛰어나고 잠재 환자의 접근성이 좋은 물건을 선택하는 것이 장기적으로 유리합니다. 당장의 낮은 임대료에 현혹돼 좋지 않은 자리를 선택하면, 결국 그보다 훨씬 더 큰 마케팅 비용으로 돌아올 가능성이 큽니다. 임대료도 오르지만, 온라인 마케팅은 경쟁 심화로 비용이 더 빠르게 오를 수 있다는 점을 명심해야 합니다.(입지 선정에 대한 구체적인 팁은 파트 4-4를 참고 바랍니다.)

4) 온라인 간판 전쟁: 보이지 않으면 존재하지 않는다

오프라인에서 우리 치과 위층에 어떤 업체가 새로 들어오면서 우리 치과 간판을 완전히 가릴 정도로 아주 큰 간판을 단다고 생각해 봅시다. "제가 간판을 좀 크게 달아야 하거든요, 선생님네 치과 간판을 좀 덮겠습니다." 이런 말을 듣는다면, '미친놈 아닌가?'하는 생각이 드는 것이 정상입니다. 미친놈을 피할 수 있으면 좋겠지만, 어쨌든 그런 상황을 마주했다면 우리는 당연히 그 간판의 존재를 용납할 수 없을 것이고, 절대 그 간판이 설치되도록 그냥 두지 않을 것입니다.

그런데 슬프게도, 온라인 세상에서는 매일 그런 일을 당하고 있다는 사실을 많은 원장님이 모르고 있습니다. 소셜 미디어 시대, 개개인이 모두 스피커가 될 수 있는 이 시대에서, 청중(잠재 환자)이 기울일 수 있는 관심의 총량은 정해져 있습니다. 결국 누군가 온라인에서 더 열심히 떠들어서(더 많은 콘텐츠를 생산하고, 더 적극적으로 소통해서) 청중의 관심을 가져가면, 나에게 돌아올 관심은 그만큼 줄어듭니다. 아니, 아예 사라져 버릴 수도 있습니다. 이 사실을 무섭게 느껴야 합니다. 그게 정상이고, 그래야 살아남을 수 있습니다.

목소리를 내는 다른 사람을 탓하는 것이 아닙니다. 그들을 탓하는 것은 아무것도 남는 게 없는 최악의 시간 낭비입니다. 제가 안타깝게 생각하는 것은 이러한 변화를 인지하지 못하거나 애써 외면하는 많은 원장님입니다. 게임의 규칙이 완전히 바뀐 시대가 이미 도래했습니다. 과거처럼 좋은 곳에 자리 잡고 앉아서 환자를 독식할 수 있는 세상은 한참 전에 끝났습니다. 새로운 규칙을 이해하고 그에 맞춰 적극적으로 플레이하지 않는다면 그 끝은 불 보듯 뻔할 것입니다.

5

주의해야 할 마케팅
: DB 마케팅과 불법 광고의 함정

마케팅의 세계에는 달콤한 유혹도 많지만, 동시에 위험한 함정도 도사리고 있습니다. 특히 단기적인 성과에 급급해 본질을 놓치거나, 법적·윤리적 문제를 야기할 수 있는 마케팅 방식은 각별히 주의해야 합니다.

1) DB 마케팅의 실체와 비용 구조, 그리고 중독성

'DB 마케팅'에 대해 들어보셨을 겁니다. 다소 기형적인 용어이긴 하지만, 그 뜻은 환자의 전화번호(이를 DB라고 합니다.)를 각종 광고(주로 자극적인 온라인 광고)를 통해 획득하고, 그 전화번호로 병원이나 대행사에서 영업·판촉 활동(TM, 텔레마케팅)을 해 환자 예약을 잡는 방식을 의미합니다. 이러한 방식은 개인정보보호법이나 의료법에 위배될 소지가 많아, 아주 능숙하고 합법적인 테두리 안에서 운영되는 팀이 아니라면 대부분 불법적인 요소를 포함하고 있을 가능성이 높습니다.

임플란트 환자 한 명의 전화번호(DB) 가격은 저렴하게는 4만 원대에서 비싸게는 8만 원대, 혹은 그 이상까지 형성돼 있습니다. DB 하나의 가격은 광고의 효율, 특히 광고 내용의 자극성과 후킹(Hooking, 사람들의 시선을 강하게 끄는 요소) 정도에 따라 크게 달라집니다. 광고가 자극적이고 후킹되는 요소가 많을수록 DB 추출을 위한 광고비는 상대적으로 줄어들고, 반대로 광고 내용이 평범하고 눈에 띄지 않는다면 DB 획득을 위한 광고비는 훨씬 커집니다.

이렇게 비싸게 얻어낸 DB가 실제 환자 방문으로 이어지는 것은 아닙니다. 많은 전화번호가 허위이거나 전화를 받지 않는 번호이고, 전화를 받았다고 해도 그때부터 치과 방문을 위한 험난한 설득 과정이 필요합니다. 이때 DB당 실제 방문 전환율은 높은 경우 20~30% 정도이지만, 낮으면 처참하게도 한 자릿수를 기록하기도 합니다. 방문한 환자가 모두 치료하는 것도 아닙니다. DB를 통해 정보를 남긴 환자는 대체로 '가격'에 가장 민감하게 반응하는 편이라, 여러 곳을 비교하며 조금이라도 더 저렴한 곳을 찾아다니는 데 많은 노력을 기울이는 경향이 있습니다. 즉, 어렵게 내원시킨 환자 중에서도 실제 치료로 이어지기 전에 상당수가 이탈합니다.(물론 이 부분은 개별 병원의 상담 역량이나 가격 정책에 따라 달라질 수 있습니다.)

결국, 임플란트 환자 한 명이 실제로 우리 병원에서 치료를 시작하게 만들기까지는, 적게는 수십만 원에서, 많게는 백만 원이 훌쩍 넘는 마케팅 비용이 필요할 수 있습니다. 페이스북 등 주요 광고 플랫폼의 개인정보 보호정책 강화로 광고 효율이 급락하고, 환자 DB 제공 경험이 전반적으로 악화될수록, DB 획득 비용은 앞으로 더욱더 올라갈 가능성이 큽니다. 그것도 단순히 선형적으로 올라가는 것이 아니라, 기하급수적으로 올라갈 수 있습니다.

많은 대형 치과와 일부 병원이 현재 DB 마케팅을 하고 있거나, 정확하게는 DB 마케팅에 '의존'하고 있습니다. 그래서 마치 DB 마케팅이 정답인 것처럼 보이고, 나도 DB 마케팅을 하고 싶어질 수 있습니다. 하지만 실상은 그렇지 않은 경우가 많습니다. 소위 말하는 잘 되는 병원이 하고 있는 마케팅이 병원을 성장시키는 정답이라고 할 수 없습니다. 오히려 DB 마케팅 없이 병원 운영이 어려운 지경에 이르러, 일종의 마약처럼 끊을 수 없는 상태가 된 경우가 대부분일 수 있습니다. 광고 효율의 지속적인 저하는 이러한 경계선에 있는 병원의 필연적인 경영 악화, 심지어 폐업까지 불러올 수 있습니다. DB 마케팅 없이도 병원을 충분히 키울 수 있습니다. 그것도 아주 잘 키울 수 있습니다. 만약 DB 마케팅을 고민 중이시라면, 그 마약을 시작하지 마시라고 간곡히 말씀드리고 싶습니다.

2) 불법 광고, 후킹 광고의 유혹과 위험성

다른 치과가 자극적인 문구나 이벤트로 불법 광고를 하면, 환자를 다 빼앗길 것 같은 불안감이 엄습할 수 있습니다. 하지만 생각과는 다르게, 대부분의 광고는 제대로 작동하지 않습니다. 심지어 명백히 불법에 해당하는 자극적인 광고 또한 마찬가지인 경우가 많습니다. 이는 광고를 오로지 '광고' 그 자체로만 생각하기 때문입니다. 광고라는 것은 본질적으로 '널리 알리는 행위'입니다. 무언가를 돈을 써서 널리 알릴 때, 반드시 따라와야 하는 것이 두 가지 있습니다. 첫째, 알리는 내용이 사람들의 흥미를 끌어야 하고, 둘째, 그 광고 내용과 실제 경험이 일치해야 합니다.

의료법 테두리 안에서 사람들이 흥미롭게 생각할 만한 광고를 만드는 것은 정말 어려운 일입니다. 그래서 여러 편법적이거나 불법적인 광고가 등장하게 됩니다. 대부분은 이러한 광고 내용과 실제 병원에서 환자가 경험하는 것은 일치하지 못합니다. 광고만 보고 찾아갔는데, 막상 가보니 기대했던 것과는 전혀 다른, 오히려 불쾌한 경험을 하는 경우가 많습니다. 이는 광고의 설계 자체가 현실을 제대로 반영하지 못했거나, 과장되었기 때문입니다. 결국, 대단히 능력 있는 전문가 팀에 의해 운영되고, 아주 섬세하게 설계된 극소수의 광고가 아니라면, 대부분의 광고는, 심지어 불법 광고조차도 별다른 효과를 보지 못하거나 오히려 역효과를 내는 경우가 많습니다.

일단 환자를 병원으로 찾아오게만 만드는 데 급급한 치과의 광고는, 마치 페이스북에서 흔히 볼 수 있는 과장 광고들 때문에 '믿거페(믿고 거르는 페이스북 광고)'라는 말이 나오는 이유와 정확하게 동일한 문제를 안고 있습니다. 우리 치과가 환자에게 '믿고 거르는 치과'가 되길 원하시나요? 아닐 거라고 믿습니다. 불법적이거나 과장된 광고, 단순 후킹에 의존하는 마케팅에 혹하지 마십시오. 제가 앞에서 계속 강조하는 진정성 있는 브랜딩과 환자 경험 개선만으로도 충분히 좋은 병원을 만들고 성장시킬 수 있습니다.

한 가지 덧붙이자면, 불법 광고를 보고 단순히 신고하고 분개하는 것에서 그치지 말고, 한 단계 더 나아가 그 광고를 직접 눌러보고, (가상의)정보를 입력하며, 온라인으로 드러나지 않는 그들의 '뒷단(Back-end)' 프로세스를 직접 체험해 보는 것도 필요합니다. 저는 지금도 다양한 광고를 이런 방식으로 체험해 보는 편이며, 이를 위해 별도의 테스트용 전화번호와 이메일을 사용합니다. 프로의 방식을 직접 경험해 보는 것은, 첫째, 불법 광고에 대한 원장님의 이해를 높여 추후 더 현명한 대처를 할 수 있게 해줄 것이며, 둘째, 광고와 마케팅 전반에 대한 이해를 통해 우리 치과의 마케팅 역량을 더 높일 수 있도록 해줄 것입니다.

3) 가짜 트래픽, 가짜 리뷰의 폐해: 치팅(Cheating)은 망하는 지름길

단호하게 말씀드립니다. 절대로 '치팅(부정행위)'을 하지 마십시오. 인위적으로 프로그램 등을 사용해 가짜 트래픽(방문자 수)을 만들거나, 돈을 주고 가짜 긍정 리뷰를 구매하는 행위는 단기적으로는 효과가 있는 것처럼 보일지 몰라도, 장기적으로는 병원을 망치는 지름길입니다.

개선을 위해서 가장 기본이 되는 부분은 항상 현재 상태를 정확하게 파악하는 것입니다. 네이버 예약을 예로 들자면, 하루에 우리 플레이스에 몇 명이 접속하는지, 그중 플레이스 광고를 통해 유입된 접속량은 얼마인지, 실제 예약 주문 신청은 몇 건인지, 예약 이행률은 어떻게 되는지, 그리고 그중 몇 명이 실제 리뷰를 남겼는지 등등의 현재 상황이 정확히 데이터로 파악되고 있어야 합니다. 그래야 내가 어떤 단계가 취약해서 환자 유실이 발생하는지를 확인하고 그 부분을 강화시키는 가장 기본적인 '경영' 활동을 할 수 있습니다.

하지만 리뷰 가구매나 가짜 트래픽 작업은 이러한 기초 데이터를 심각하게 왜곡시켜, 어떤 현상 파악도 불가능하게 만듭니다. 상위 노출 그 자체보다 훨씬 더 중요한 부분은, 상위 노출된 이후에 실제 사용자가 어떤 행동을 하느냐입니다. 물론 돈으로 어느 정도의 상위 노출은 살 수 있습니다. 하지만 돈으로 산 상위 노출로 유입된 사람이 우리 병원에 대해 긍정적인 인식을 갖고 실제 행동(예약, 상담, 치료)으로 이어지게 만드는 것은 돈으로 살 수 없습니다. 마케팅 퍼널이 제대로 설계되지 않은 상황에서의 인위적인 트래픽 증가는 아무 의미 없는 수준을 넘어, 오히려 광고 예산만 낭비하는 독이 될 수 있습니다.

결국 진료든 경영이든 마케팅이든, 정도(正道)를 따라가는 것이 최선입니다. 치팅을 싫어하는 제 개인적인 성향 때문만은 아닙니다. 치팅은 다음과 같은 명백한 문제점들을 안고 있습니다.

첫째, 올바른 성장의 방식을 배우고 익힐 기회를 뺏어갑니다. 둘째, 마찬가지로 지금 나의 상황을 객관적으로 파악할 기회를 앗아갑니다. 셋째, 치팅은 언젠가는 그 효과가 없어지거나 플랫폼의 제재를 받게 됩니다. 넷째, 선을 넘어선 어뷰징은 단순한 효과 없음을 넘어 법적인 페널티를 받을 수도 있습니다. 다섯째, 가장 중요한 것은, 치팅이 더 이상 통하지 않게 되었을 때, 정작 내가 할 줄 아는 것이 아무것도 남아있지 않게 된다는 것입니다.

정석적인 방법은 더디게 느껴질지라도, 확실하게 내 실력을 키우면서 지속 가능한 성공을 가져다줍니다. 반면, 치팅은 내 실력이 높아진 것 같은 위험한 착각을 불러일으키지만, 결국 나를 망치고 병원의 미래를 좀먹습니다. 그것은 마치 핵(불법 프로그램)을 켜고 하는 게임에 불과한 것입니다.

PART 5

핵심 자원 관리
- 수가 전략과 직원 역량 강화

병원 경영의 지속 가능성은 결국 한정된 자원을 얼마나 효과적으로 관리하고 활용하느냐에 달려있습니다. 그중에서도 병원의 주 수입원이 되는 '수가'를 어떻게 책정하고 관리할 것인지, 그리고 병원 운영의 핵심 동력이자 가장 중요한 자산인 '직원' 역량을 어떻게 강화하고 유지할 것인지는 모든 대표원장님의 핵심 고민일 것입니다.

1
치과 수가, 제대로 알고 결정하고 있는가?

치과에서 '수가(Pricing)'는 단순히 진료 행위에 대한 가격표 그 이상의 의미를 지닙니다. 수가 정책은 병원의 가치와 철학을 반영하며, 수익성은 물론 환자의 인식과 선택에도 직접적인 영향을 미칩니다.

1) 수가 결정의 4가지 레벨: 우리 병원은 어디에?

치과의 가격, 즉 수가를 결정하는 방법에는 병원의 경영 수준과 철학을 반영하는 여러 단계가 있습니다.

- **레벨 1- 지인들에게 물어보고 결정:** 최소한의 손품, 발품도 팔지 않고 가장 쉽고 빠르게 결정하는 방법이지만, 가장 안일한 방법이기도 합니다. 시장 상황이나 병원 내부의 비용 구조를 전혀 고려하지 못하기 때문입니다.

- **레벨 2- 나와 같은 상권에 있는 다른 치과들의 수가를 조사한 후 결정:** 최소한의 경쟁 분석이 가미된, 두 번째로 많이 쓰이는 방법입니다. 현실적으로 레벨 1과 레벨 2의 조합이 많이 사용되지만, 여전히 수가가 다른 사람의 결정을 따라간다는 점에서 큰 한계가 있습니다. 다만, 레벨 1과 레벨 2의 조합은 최소한 아주 망할 수준의 수가 결정은 피하게 해준다는 장점은 있긴 합니다.

- **레벨 3- 원가 분석을 바탕으로 수가를 결정:** 진료에 들어가는 각종 고정비(임대료, 인건비, 감가상각비 등)와 변동비(재료비

등) 분석을 통해 원가 개념을 이해하고, 이를 바탕으로 적절한 마진을 선택한 후 수가를 결정하는 방식입니다. 매우 귀찮고 원가 분석 내용이 치과마다 다를 수 있지만, 최소한 진료를 계속 하는데 병원이 망해가는 최악의 과정은 피할 수 있게 해줍니다. 이 부분이 가능하다면, 어설프게 강남의 초 저수가를 따라 하는 것이 얼마나 위험한 일인지 깨닫게 됩니다.

• 레벨 4- 내가 제공할 수 있는 가치를 발굴하고 가치 기반의 수가 결정: 제가 줄곧 강조하는 내용이며, 가장 이상적이고 궁극적으로 지향해야 할 방식입니다. 타 치과나 원가에 의존하여 수가를 결정하는 것이 아니라, 우리 치과만이 제공할 수 있는 독자적인 가치를 발굴하고, 그 가치를 환자가 충분히 인지하도록 하며, 가치에 상응하는 수가를 설정하는 방식입니다. 이는 초 저수가 경쟁 자체를 피할 수 있게 해주며 생산성을 비약적으로 올려주지만, 상당한 고민과 노력이 필요한 방법입니다.

2) 가치 기반 가격 책정: '싸다'와 '비싸다'의 진짜 의미

우리는 살면서 '싸다', '비싸다'라는 말을 정말 많이 합니다. 돈 못 벌던 학생 시절부터 편의점에서 하겐다즈를 마음껏 사 먹을 수 있을 만큼 돈을 벌고 있는 지금까지도, 여전히 무언가를 구매할 때 싼 것을 찾고, 가격을 고려하는 습성이 남아있을 수 있습니다.

'싸다'는 어학사전에 따르면 '물건값이나 사람 또는 물건을 쓰는 데 드는 비용이 보통보다 낮다.'라고 나와 있고, '비싸다'는 '보통보다 높다.'라고 써 있습니다. 그런데 사람들이 실제로 사용하는 단어의 뜻은 어학사전과는 다른 경우가 많습니다. '싸다'와 '비싸다'도 그런 경우입니다. 예를 들어, 자동차는 고가 상품입니다. 경차인 모닝도 검색해 보면 최저가가 1,290만 원으로, 천만 원이 넘는 상품은 당연히 가격이 높은 고가 상품입니다. 하지만 우리는 모닝을 '싼 차'라고 인지합니다. 왜일까요? 사람을 나르고, 짐을 나르고, 숨 막히는 대중교통을 피할 수 있게 해 주는 그 '가치'에 비해서는 가격이 싸다고 느끼기 때문입니다.

중요한 말이 나왔습니다. '싸다', '비싸다'의 기준은 사실 보통의 비용(원가나 평균 시세)이 아닙니다. 제가 생각하는 '싸다'와 '비싸다'를 결정하는 기준은 다음 두 가지입니다.

- **구매자의 기존 경험:** 환자가 과거 다른 치과에서 어떤 경험을 했는지, 혹은 주변 사람에게 어떤 이야기를 들었는지가 현재 우리 치과의 수가를 판단하는 중요한 기준점이 됩니다. 이 경험은 우리가 직접 통제하기 어려운 부분입니다.

- **상품(진료)의 가치:** 우리 치과가 제공하는 진료의 질, 서비스 수준, 진료 환경, 그리고 그 과정에서 느끼는 모든 경험이 환자가 지불하는 비용 이상의 가치를 제공한다고 느낄 때, 환자는 '싸다'라고 인식하게 됩니다. 반대로 지불한 비용에 비해 제공받는 가치가 기대에 못 미친다고 느끼면 '비싸다'라고 생각하게 됩니다.

우리 치과의 임플란트는 싼가요, 비싼가요? 만약 바로 대답했다면 이미 오답일 가능성이 큽니다. 싼지, 비싼지는 앞서 말씀드린 대로 환자의 기존 경험과 우리가 제공하는 가치에 따라 상대적으로 결정되기 때문입니다.

내가 아무리 좋은 진료를 프리미엄하게, 진료 경험까지 세심하게 설계해 제공해도, 환자가 이미 다른 곳에서 29만 원에 아무런 불편 없이 임플란트를 한 경험이 있다면, 우리 치과의 100만 원짜리 임플란트는 말도 안 되게 비싼 가격으로 느껴질 것입니다. 반대로 저수가 임플란트로 인해 고생 끝에 재수술을 한 사람에게는, 그 이상의 비용이라도 좋은 결과를 얻을 수 있다면 결코 비싼 가격이 아니게 됩니다. 또, 영수증 따위는 쳐다보지도 않는 경제적으로 매우 여유로운 사람에게는 29만 원짜리 임플란트가 오히려 괴랄하고 무섭게 느껴질 것이고, 돈이 가격 결정에 가장 중요한 사람에게는 100만 원짜리 임플란트가 말도 안 되고 쓸모없게 느껴질 것입니다.

이처럼 가장 중요한 것은 환자의 기존 경험이지만, 우리가 그 경험을 직접 컨트롤할 수는 없습니다. 그렇다면 우리 치과의 임플란트를 환자가 비싸지 않게 여기도록 만들고 싶다면(즉, "비싸서 안 할래요."라는 말을 안 들으려면), 우리가 컨트롤할 수 있는 남은 부분, 즉 '우리가 제공하는 가치'를 환자의 기존 경험이나 기대치보다 훨씬 더 높이도록 끊임없이 노력해야 합니다. 그리고 그 가치를 환자가 명확히 인지하고 경험할 수 있도록 모든 접점에서 효과적으로 전달해야 합니다.(이 부분은 파트 5-1에서 더 자세히 다루겠습니다.)

3) 수가 인상의 두려움 극복하기: 가치 상승과 함께라면 OK

많은 원장님이 가격을 바꾸는 것, 특히 가격을 올리는 것에 대해 거의 미신적이라고 할 만한 공포를 가지고 있습니다. 가격을 올리면 왠지 지속적인 컴플레인이 들어올 것 같고, 기존 환자들이 우리 병원을 떠날 것 같은 그런 환상에 시달립니다. 하지만 가격을 올리면 생각과는 다르게, 그리고 긍정적으로 일이 흘러가는 경우가 많습니다.

- **대부분의 환자는 작은 가격 변화에 민감하지 않다:** 가격을 올려도 환자 대부분은 잘 모르는 경우가 많습니다. 모든 환자가 가격에 극도로 민감하지도 않고, 모든 환자가 작은 가격 변화까지 알아차릴 만큼 우리 치과에 그렇게 지대한 관심을 갖고 있지 않습니다. 애초에 저렴한 수가가 우리 병원의 유일한 무기였는데, 그 무기가 아니게 될 만큼의 아주 큰 가격 변화가 아니라면, 환자는 소폭의 가격 변화에는 크게 신경 쓰지 않습니다. 물론 아주 일부 환자는 설명이 필요한 경우가 있겠지만, 이러한 일부 의견을 전체 트렌드로 침소봉대해 과도하게 걱정할 필요는 없습니다.

- **수가 인상은 병원의 경쟁력 확보로 이어진다:** 합리적이지 못

한 비용 구조를 개선해 수가를 적정 수준으로 인상하면 병원 마진이 늘어납니다. 마진이 늘어나니 단순히 원장이 돈을 더 가져갈 수 있다고 말을 하는 것이 아닙니다. 늘어난 마진을 통해 더 많은 긍정적인 경영적 의사결정을 할 수 있습니다. 직원들에게 더 잘해줄 수도 있고, 더 좋은 고급 재료를 쓸 수도 있고, 진료 A/S 기간을 늘릴 수도 있습니다. 이런 결정 하나하나가 우리 치과의 경쟁력이 되며, 환자에게도 더 좋은 경험을 제공할 수 있게 해줍니다. 그러니 오로지 내가 돈을 더 가져가기 위한 이기적인 가격 인상이 아니라면, 가치 향상을 동반한 합리적인 가격 인상은 오히려 좋은 결과를 가져옵니다.

- **오히려 가격 인하가 최악의 결정일 수 있다**: '잘 안되니 가격을 높여봐야겠다.'라고 생각하는 분은 거의 없겠지만, 사실 이것은 생각보다 효과가 있을 수 있습니다. 반대로 '잘 안되니 가격을 내려야 하나?'라고 고민하는 분이 있다면, 이것은 대부분은 효과가 없거나 상황을 더 악화시킬 뿐입니다. 그저 안 팔려서 가격을 내리려 한다면 이것만 기억하십시오. 대부분은 그 결정이 여러분이 사업(병원 경영)을 하면서 내리는 가장 나쁜 결정 중 하나가 될 것입니다.

- **수가 인상은 순이익에 직접적으로 기여한다:** 매출이 30% 감소했다는 말이 단순한 매출 감소 이상의 큰 충격을 주는 이유는, 순이익에 미치는 영향이 훨씬 더 크기 때문입니다. 치과의 특성상 고정비용(임대료, 인건비 등)이 차지하는 비중이 크기 때문에, 매출이 30% 줄어들면 그만큼의 순이익이 줄어드는 것이 아니라, 경우에 따라서는 거의 모든 순이익이 사라질 수도 있습니다. 고정비는 계속 발생하지만, 매출이 줄어들면 변동비를 제외한 모든 손실이 고스란히 순이익에 영향을 미치기 때문입니다. 하지만 이러한 상황을 반대로 활용할 수도 있습니다. 저는 항상 진료 수가를 인상하는 것의 중요성에 대해 인지하고 고민합니다. 진료 수가를 인상하는 것이 단순히 매출을 증가시키는 것이 아니라, 순이익에 직접적으로 기여하는 아주 효과적인 방법이기 때문입니다. 예를 들어, 수가를 10% 인상하면 매출은 10% 증가하지만, 고정비는 그대로이므로 이 인상분 대부분이 거의 순이익의 증가로 이어집니다.

따라서, 제공하는 가치를 꾸준히 높여나가면서, 그에 맞춰 필요한 가격 인상은 두려워하지 말고, 실행하기를 바랍니다.

4) 초과 수요 발생 시 최고의 대처법은 '수가 인상'

병원이 점점 바빠지고 환자 대기시간이 늘어나기 시작했다면, 이는 병원의 현재 수용 능력(Capacity)을 뛰어넘는 '초과 수요'가 발생했다는 명확한 신호입니다. 이러한 초과 수요에 어떻게 대처하느냐에 따라서 병원의 성장과 미래가 크게 달라집니다.

몇 가지 대처 방안을 생각해 볼 수 있습니다.

- **병원 역량의 자연스러운 상승을 통해 극복하기(혹은 가만히 내버려두기)**: 매일매일 바쁘게 환자를 보다 보면 자연스럽게 병원 구성원들도 경험치가 쌓이며 레벨업하게 됩니다. 문제는, 그렇게 레벨업하는 동안을 환자들과 직원들이 참고 기다려주지 않는다는 것입니다. 환자 불만은 점점 쌓여가고, 직원들은 과도한 업무에 지쳐 갈려 나가다 결국 떠납니다. 현상 유지가 목표라면 모를까, 성장을 위해서는 제법 나쁜 선택지가 됩니다. 사실 현상 유지조차도 힘든 선택지일 수 있습니다.

- **하드웨어 개선하기(확장)**: 추가 임대 및 공사로 공간을 확장하거나, 더 좋은 곳으로 이전하는 방법이 있습니다. 또, 직원을 더

뽑거나 페이닥터를 더 채용하는 인적 확장도 고려할 수 있습니다. 이때 중요한 것은 어떤 리소스(공간, 인력, 장비 등)가 부족한지 정확하게 파악하고 그 부분을 전략적으로 보충하는 것입니다.

• **수가 인상:** 만약 당장 확장할 사정이 아니라면, 수가 인상은 최고의 대안이 될 수 있습니다. 힘들게 노력해 얻어낸 초과 수요라는 값진 메달을 그대로 방치하는 것은 사업자로서 할 수 있는 최악의 선택 중 하나입니다. 이 초과 수요를 다시 병원 수익으로 확실하게 전환해야 하며, 그 가장 좋은 방법 중 하나가 바로 수가 인상입니다. 왜냐하면 초과 수요는 지금 우리 병원이 받는 비용(수가)에 비해 우리가 제공하는 가치가 더 크다는 명백한 증명이기 때문입니다.

5) 객단가 올리기 전략: 업그레이드, 패키지, 프리미엄, 보험 진료

병원 매출을 높이기 위해 많은 원장님이 더 많은 신규 환자 유치에만 초점을 맞추고 있습니다. 하지만 새로운 환자를 계속해서 유치하는 것은 생각보다 매우 어려운 일이며, 결국에는 한계에 부딪히거나 실패하는 경우가 많습니다. 오히려 기존 환자의 '객단가(1인당 평균 진료비)'를 조금씩만 올려도 기대 이상의 결과를 볼 수 있습니다. 예를 들어, 하루에 30명의 환자가 방문하는 치과에서 객단가를 5만 원만 올려도 하루 매출이 150만 원 증가합니다. 아주 간단한 변화처럼 보이지만, 이를 통해 큰 성과를 이룰 수 있는 방법입니다.

그렇다면, 병원의 객단가를 올리는 구체적인 방법에는 어떤 것들이 있을까요?

- **업그레이드 서비스 제안:** 기존 치료에 더 나은 옵션을 추가로 제안해 보세요. 예를 들어, 기본 스케일링 외에 전문가 치아미백이나 잇몸 관리 프로그램을 함께 제안하거나, 일반 레진 치료 대신 더 심미적이고 내구성이 좋은 고급 레진 옵션을 제안할 수 있습니다. 환자는 더 나은 결과를 얻을 수 있어 만족도가 올라가고, 병원은 자연스럽게 매출을 높일 수 있습니다.

- **패키지 상품 구성:** 다양한 진료를 묶어 패키지로 제공하는 방법도 효과적입니다. 예를 들어, 임플란트 시술과 함께 장기적인 사후 관리 프로그램을 패키지로 만들어 제공하거나, 교정 치료와 심미 치료(예: 라미네이트, 치아미백)를 결합한 패키지를 제안하면, 환자에게는 개별적으로 진행하는 것보다 합리적인 가격으로 더 포괄적인 케어를 받을 수 있다는 매력적인 옵션이 되고, 병원 수익에도 긍정적인 영향을 줄 수 있습니다.

- **프리미엄 옵션 제공:** 표준적인 치료 방법과 차별화되는 프리미엄 옵션을 제안해 보세요. 예를 들어, 일반 보철물 외에 최고급 재료를 사용하거나 특별한 기술로 제작된 프리미엄 보철물을 옵션으로 제시하면, 환자의 선택 폭이 넓어지고, 이에 따라 객단가가 자연스럽게 올라갑니다. 중요한 것은 환자에게 선택권을 주고, 각 옵션의 가치를 명확히 설명하는 것입니다.

- **보험 진료 꼼꼼히 챙기기:** 보험 적용이 가능한 진료 항목을 체계적으로 파악하고 환자에게 적극적으로 안내하며 꼼꼼하게 챙기는 것도 객단가를 높이는 데 효과적입니다. 보험 진료는 환자에게 경제적 부담을 덜어주면서도, 병원의 안정적인 수익 확보에 도움이 됩니다. 스케일링, 잇몸치료, 필요한 경우 발치 후

> 즉시 식립 임플란트의 보험 적용 여부 등, 환자가 받을 수 있는 혜택을 놓치지 않도록 체계적으로 안내해 신뢰를 쌓으면 환자 만족도와 재방문율을 높일 수 있습니다.

이렇게 기존 환자와의 관계를 더욱 깊게 만들어가는 과정에서 객단가 상승을 통해 매출을 높일 수 있습니다. 작지만 의미 있는 변화로 병원의 성장과 환자 만족도를 함께 높여보세요.

6) 할인과 광고비의 함정: 순이익을 갉아먹는 주범

수가 인상이 순이익 증가에 직접적으로 기여하는 것과 마찬가지로, 할인이나 과도한 광고비 지출은 단순히 매출을 떨어뜨리거나 비용을 증가시키는 것이 아니라, 순이익을 직접적으로 깎아 먹는 결과를 초래한다는 사실을 명심해야 합니다.

할인은 그 자체로 수익률을 직접적으로 낮추는 '매출 감소'로 이어집니다. 예를 들어 10% 할인은, 10%만큼의 매출이 처음부터 없었던 것과 마찬가지로 순이익에 영향을 미칩니다. 광고비, 특히 효과가 검증되지 않았거나 무분별하게 지출되는 광고비는, 직격으로 수익률을 줄이는 '지출'로 이어지며, 그만큼 내 주머니에 들어올 수 있는 돈이 줄어드는 셈입니다. 물론, 전략적으로 계산된 할인이나 효과적인 광고는 필요할 수 있습니다. 하지만 많은 경우, 이러한 비용들은 보이지 않는 비용(예: 할인을 요구하는 환자 응대에 드는 시간과 노력, 광고 효과 측정의 어려움)까지 동반하며 예상보다 더 큰 폭으로 순이익을 잠식할 수 있습니다.

따라서, 불필요한 할인을 지양하고, 그보다는 제공하는 서비스의 '가치'를 높이는 데 집중하며, 필수적인 광고 외에는 광고비 지출을 신중하게 결정하고 그 효과를 철저히 검증하는 전략이 중요합니다. 특히 병원 경영이 어려운 시기일수록, 순이익을 지키기 위한 이러한 노력은 더욱 중요해집니다.

7) 매출 감소와 순이익의 관계: 고정비의 무서움

앞서 잠깐 언급했지만, 매출 감소가 순이익에 미치는 영향은 생각보다 훨씬 큽니다. 치과는 대표적으로 초기 투자 비용과 월 고정비(임대료, 인건비, 장비 리스료, 관리비 등)가 높은 업종입니다. 이러한 고정비는 매출 규모와 상관없이 거의 일정하게 발생합니다.

만약 매출이 30% 감소했다고 가정해 봅시다. 이때 순이익도 단순히 30%만 감소할까요? 그렇지 않습니다. 변동비(매출에 따라 변하는 재료비 등)는 매출 감소에 따라 어느 정도 줄어들 수 있지만, 고정비는 그대로 유지됩니다. 따라서 매출 감소분 대부분이 고정비를 제외한 순이익 부분에서 차감되므로, 실제 순이익은 30%보다 훨씬 큰 폭으로,

심한 경우 대부분이 사라지거나 적자로 돌아설 수도 있습니다. 이것이 바로 고정비가 높은 사업 구조에서 매출 감소가 치명적인 이유입니다.

반대로, 수가 인상이나 객단가 상승을 통해 매출이 10% 증가했다고 가정해 봅시다. 이때 추가로 발생하는 변동비는 미미할 수 있으며, 고정비는 그대로입니다. 따라서 증가한 매출의 상당 부분이 고스란히 순이익 증가로 이어집니다. 이러한 비용 구조의 특성을 잘 이해하는 것은, 가격 정책을 수립하고 비용을 통제하며, 궁극적으로 병원의 수익성을 관리하는 데 있어 매우 중요합니다.

2
직원 관리
: 병원의 심장을 뛰게 하는 사람들

뛰어난 수가 전략도, 훌륭한 마케팅도 결국 이를 실행하는 '사람'이 없다면 무용지물입니다. 직원은 단순한 노동력이 아니라 병원의 이미지를 만들고, 환자에게 최상의 경험을 전달하며, 궁극적으로 병원의 성장을 이끄는 가장 중요한 파트너입니다. 따라서 직원 채용부터 교육, 동기 부여, 평가, 그리고 조직 문화 구축에 이르기까지 체계적이고 진심 어린 관리가 필수적입니다.

1) 채용의 기술: 우리 병원과 '결'이 맞는 직원 뽑기

극심한 채용 난에 직원을 뽑는 것은 고사하고, 직원 면접을 보는 것조차 어려운 시기가 이어지고 있습니다. 아무리 일손이 모자라고 힘들어도, 우리 치과와 '결'이 맞지 않는 직원이 와서 일하는 것보다는 차라리 일손이 모자란 것이 낫습니다. 손이 없으면 남은 사람들이 조금 더 열심히 하면 되지만, 결이 맞지 않는 직원은 예상치 못한 다양한 이벤트를 지속적으로 만들어 병원 전체의 업무 로드를 올리고 분위기를 흐트러뜨립니다. 심지어 남아있는 좋은 직원마저 떠나게 만들고, 환자에게는 불만족스러운 경험을 제공해 병원 전체의 평판을 엉망으로 만들 수 있습니다. 그러니 '어쩔 수 없이 하는 채용'은 절대 없어야 합니다.

다음은 채용을 피해야 하는 일종의 '위험 신호'들입니다.(물론 아래 같은 신호가 나타나도 좋은 직원일 수 있습니다. 하지만 우리는 모든 지원자를 완벽하게 판단할 능력이 없으며, 이러한 필터링을 통해 간혹 좋은 직원을 놓치는 부작용이 있을지언정, 장기적으로 우리가 가져가는 이득이 명백하게 더 큽니다.)

- 면접 시간에 지각하는 것
- 면접 시 복장이 상식 밖으로 화려하거나 혹은 지나치게 편안함을 추구하는 것
- 자기소개서나 이력서에 사진이 없는 것(요즘은 블라인드 채용도 있지만, 의료 서비스업의 특성을 고려할 필요가 있습니다.)
- 자기소개서나 이력서 작성이 매우 부실하거나 성의 없어 보이는 것
- 자기소개서에 지원하는 치과의 이름을 잘못 기입한 것(기본적인 관심과 성의 부족)
- 커리어상 이직이 지나치게 잦은 것(단, 합리적인 사유가 있는지 확인 필요)
- 공지된 정식 채용 채널이 아닌, 다른 비공식적인 방식으로 불쑥 지원하는 것
- 첫 만남인 면접 자리에서 기본적인 인사를 하지 않는 것
- 면접관의 질문에 대해 명확하고 논리적인 대답을 듣기 어려움(소통 능력 부족)
- 면접 중 가벼운 스몰토크나 아이스브레이킹에도 전혀 미소나 웃음을 띠지 않는 경직된 태도

채용은 많은 원장님의 머리를 아프게 하는 문제입니다. 사람을 구하기도 어렵고, 구해도 새로운 인재가 우리 치과의 기존 문화와 관계에 새로운 소음을 만들 수도 있습니다. 채용은 정말 사람이 꼭 필요해서 급하게 하는 것보다는, 원내 리소스에 어느 정도 여유가 있을 때 미리 준비하고 진행해야 결과가 좋습니다. 그 이유는 다음과 같습니다.

첫째, 신규 채용은 기존 직원들의 에너지를 생각보다 많이 소모합니다. 경력 여부와 상관없이 직원 한 명이 새로운 조직의 업무와 문화에 적응하는 데는 기존 직원 약 5명의 리소스가 각각 20%씩 필요하다고 합니다. 즉, 채용이라는 행위 자체가 기존 직원들의 업무 로드를 (처음에는) 상당히 갉아먹게 됩니다. 심지어 일을 매우 잘하는 경력직 직원이 들어와도 마찬가지입니다.

둘째, 새로운 직원의 초기 행보는 조직 전체의 분위기와 관계 설정에 매우 중요합니다. 사람을 이렇게 비유하기는 좀 그렇지만, 상한 과일 하나가 옆에 있는 멀쩡한 과일까지 상하게 만들 수 있습니다. 우리는 새로운 관계가 부정적으로 형성되지 않는지 면밀히 모니터링해야 하며, 의욕적이지 않고 부정적인 기운은 쉽게 조직 전체에 전염됩니다. 하지만 정신없이 바쁘게 일하는 모습만 보면 이를 초기에 알아차리지 못할 수 있습니다.

셋째, 너무 바빠서, 내가 너무 힘들어서, 사람이 정말 꼭 필요해서 '아쉬운 마음'으로 하는 채용은, 앞서 언급한 두 가지 문제점을 야기해도 그 사람의 당장의 업무 기여도 때문에 쉽게 정리하지 못하는 악순환을 부릅니다. 이쯤 되면 채용은 '미리, 그리고 신중하게' 해야 한다는 것이 분명해집니다.

2) 직원에게 줄 수 있는 것: 돈 그 이상의 가치

하루에 평균적으로 다섯 분 정도의 원장님에게 DM이나 메일을 받습니다. 주로 경영상의 고민을 털어놓으시는데, 그중 단골 질문 중 하나는 "돈도 많이 주는데 직원이 자꾸 나가요."입니다. 고민 해결을 위해 대화를 해보면, 원장님들은 보통 다음 두 가지 오판을 하는 경우가 많습니다.

> **• 직원에게 줄 수 있는 것 중 '돈'이 가장 중요하다고 생각한다:**
> 제 개인적인 생각으로는 절대 그렇지 않습니다. 물론 돈도 중요하지만, 그만큼 중요한, 혹은 때로는 돈보다 더 중요한 다른 가치가 많습니다. 세계적인 미국의 심리학자 로버트 치알디니가 그의 저서 '설득의 심리학'에서 언급한 여러 사회적 영향력의 원칙을 고려해 볼 때도, 단순한 금전적 보상 외에 근무 강도, 근무 환경, 조직 내 분위기, 근무 시간의 유연성, 그리고 개인적인 사정이나 상황에 대한 리더의 진심 어린 배려 등은 때때로 더 낮

은 급여 조건에도 불구하고 직원이 직장을 계속 다니도록 만드는 강력한 요인이 됩니다. 즉, 우리가 흔히 이야기하는 급여와 복지 외에도, 우리가 직원에게 줄 수 있는 존중, 인정, 성장 기회, 안정감, 소속감 등 무형적인 가치가 매우 많다는 것입니다.

• **사실 그렇게 '충분한' 급여를 주고 있지 않다**: 그럼에도 불구하고, 급여는 분명히 중요합니다. "돈도 많이 주는데.."라고 말씀하는 원장님 중에 정말 객관적으로 동종 업계 최고 수준이거나, 직원이 충분히 만족할 만큼 '시원하게' 많이 주고 있는 원장님은 생각보다 많지 않았습니다. '많고 적다'는 것은 나의 입장이 아니라, 그 돈을 받는 직원 입장에서, 그리고 동종 업계 평균 수준과 비교해 판단해야 합니다.

원장님 생각보다 직원들은 원장님을 이해해 주고, 병원을 위해 헌신하며, 원장님의 든든한 편이 되어줄 수 있습니다. 단, 그러기 위해서는 우리가 먼저 직원을 이해하고, 그들 입장에서 생각하며, 진심으로 그들 편이 되어주어야 합니다. 모든 관계에서처럼, 먼저 주는 것이 정답입니다.

3) 원내 규칙 설정: 원장부터 모범을 보여라

　직원보다 나 자신에게 더 엄격해야 합니다. 나도 하는 실수로 직원을 나무라면 안 됩니다. 내가 밥 먹듯이 지각하면서 지각하는 직원을 나무라는 것은 아무런 설득력이 없습니다. 내가 지키지 못하는 규칙을 직원에게 요구해서도 안 됩니다. 원내 규칙은 단순히 직원이 지켜야 하는 것이 아니라, '나부터' 솔선수범해야 하는 것입니다. 내가 환자에게 함부로 대하면서 직원에게는 친절을 강요할 수는 없습니다. 원장이 지키지 않는 규칙은 그 어떤 좋은 의도로 만들어졌다고 해도 결코 병원에 제대로 정착할 수 없습니다.

　특히, 바쁘지 않을 때는 잘 지켜지다가 바쁘고 정신없을 때는 슬그머니 지켜지지 않는 원내 규칙은, 결국에는 사라지기 딱 좋습니다. 치과가 작은 규모일수록 원장 행동 하나하나가 직원에게 미치는 영향력은 상상 초월입니다. 원장 스스로에게 엄격할수록 원내 규율이 잡히고, 새로운 긍정적인 규칙이 뿌리 내리며, 이를 통해 병원이 건강하게 성장할 수 있습니다.

4) 인건비 관리: 성장 예측 기반 급여 인상 및 신규 채용

많은 원장님이 직원 급여를 얼마나 올려야 할지, 신규 채용은 어느 시점에, 어느 규모로 해야 할지 항상 고민합니다. 이에 대한 명확한 기준을 하나 제시하고자 합니다. 바로 내 병원의 '성장'을 합리적으로 예측하고, 그 '성장'에 맞춰 인건비 지출 계획을 세우는 것입니다.

예를 들어, 작년 우리 병원의 연 매출이 20억 원이었고, 인건비 비중이 35%였다면 연간 인건비 지출은 7억 원입니다. 만약 지난 3년간 우리 병원이 매년 평균적으로 10%씩 꾸준히 성장해왔다면, 올해도 비슷한 수준인 10% 성장을 목표로 잡을 수 있을 것입니다.(물론 시장 상황 변화, 내부적인 큰 변수 등을 종합적으로 고려해야 합니다.) 특별한 운영상의 위기가 없다면, 인건비 또한 비슷한 비율인 10% 정도 증액하는 것이 가능하다고 볼 수 있습니다. 즉, 올해는 기존 7억 원에서 약 7천만 원의 추가 인건비를 편성할 수 있다는 계산이 나옵니다. 그리고 이 범위 안에서 기존 직원 급여 인상과 필요한 신규 채용을 전략적으로 고려하면 됩니다.

여기서 가장 중요한 점은, '감'이 아니라 '데이터'로 결정해야 한다는 것입니다. 단순히 '이번 달 매출이 좀 괜찮으니까 한번 올려볼까?' 혹은 '요즘 너무 바쁘니까 사람부터 뽑고 보자.' 같은 주먹구구식 접근이 아니라, 장기적인 병원 성장 곡선과 재정 상황, 그리고 앞으로의 사업 방향성을 종합적으로 고려해 의사결정을 해야 합니다. 그렇지 않으면 직원은 연봉 인상과 채용 기준에 일관성이 없다고 느껴 불만이 쌓일 수 있고, 병원 재정 운영에도 예기치 않은 문제가 생길 수 있습니다.

그렇다면, 이러한 합리적인 기준을 벗어나서 인건비를 관리하면 어떤 문제가 발생할까요?

- **예상 성장보다 초과된 인건비 증가**: 무리한 급여 인상이나 과도한 신규 채용은 당장의 인력 운용에는 숨통을 트여줄지 몰라도, 장기적으로는 병원 운영에 큰 부담으로 작용합니다. 감당할 수 없는 속도로 인건비가 증가하면 결국 다른 부분(재투자, 마케팅, 시설 개선 등)에서 지출을 줄여야 하고, 이 과정에서 병원의 경쟁력이 약화되거나 운영 자체가 흔들릴 가능성이 커집니다.

- **예상 성장보다 훨씬 적은 인건비 증가**: 반대로, 병원이 성장하고 있음에도 불구하고 그에 맞춰 인건비를 적절히 조정하지 않으면, 단기적으로는 대표원장 몫이 늘어나는 것처럼 보일 수 있습니다. 하지만 장기적으로는 병원의 핵심 자원인 인력 부족을 초래하고, 이는 결국 서비스 질 저하, 직원 만족도 하락, 그리고 성장 한계라는 부메랑으로 돌아옵니다. 환자 수는 증가하는데 인력이 부족하면 기존 직원은 과도한 업무에 지치고, 이는 결국

환자 경험의 질 저하와 환자 이탈로 이어질 수 있습니다.

- **우리는 반드시 성장해야 한다:** 병원을 운영하면서 '이 정도면 됐으니, 그냥 이대로만 유지되면 좋겠다.'라고 생각할 수도 있습니다. 하지만 현실적으로 병원 운영에 필요한 각종 비용(임대료, 재료비, 공과금 등)은 매년 증가합니다. 또, 직원의 급여 인상 기대도 있을 것이고, 대표원장 개인적인 삶의 수준 또한 유지되거나 향상되기 위해서는 병원이 지속적으로 성장해야 합니다. 성장이 멈추는 순간, 병원은 사실상 퇴보하는 것과 같습니다.

결론은 명확합니다. 병원의 과거 성장률과 미래 성장 가능성을 합리적으로 예측하고, 그 성장에 맞춰 인건비를 전략적으로 조정하는 것이 가장 안정적이고 건강한 병원 운영 방식입니다. 이를 위해서는 경영 전반에 대한 꾸준한 공부가 필수적입니다. 병원의 숫자를 정확히 이해하지 못한 채 감으로만 운영하면, 어느 순간 운영이 흔들릴 수밖에 없습니다. 매출 성장률, 인건비 비율, 각종 비용 증가율 등을 지속적으로 모니터링하고, 이를 바탕으로 전략적인 의사결정을 내릴 수 있어야 합니다. 단순히 '얼마를 올릴까?'가 아니라, '어떤 기준으로, 왜 올려야 하는가?'를 깊이 고민해야 합니다. 이 원칙을 지키는 병원은 외부 환경 변화에도 쉽게 흔들리지 않고 꾸준히 성장할 수 있으며, 대표원장이 경영을 깊이 이해할수록 병원의 미래는 더욱 단단해질 것입니다.

5) 직원 평가의 진짜 목적: 질책이 아닌 성장 지원

병원에서 '직원 평가'는 때때로 부정적으로 인식되곤 합니다. 평가를 통해 직원의 단점을 찾아내고 질책하거나, 심지어 불이익을 주기 위한 수단으로 오해받기도 합니다. 하지만 진정한 의미의 직원 평가는 이와는 전혀 다른 목적을 가지고 있습니다.

직원 평가의 진짜 목적은 개인의 '성장'과 '발전'을 도모하는 것입니다. 평가 과정을 통해 각 직원의 강점은 더욱 강화하고, 부족한 부분은 보완할 기회를 제공하는 것이 핵심입니다. 이는 마치 우리가 정기 건강검진을 통해 몸의 상태를 점검하고 더 건강해지기 위한 계획을 세우는 것과 같습니다. 병원을 운영하면서도 이러한 직원 성장에 대한 지원을 잊는 경우가 허다합니다. 직원의 업무 능력과 태도를 정기적으로, 그리고 객관적으로 점검해 그들의 잠재력을 최대한 발휘할 수 있도록 돕고, 이를 통해 병원 전체의 역량을 향상시켜야 합니다.

특히 의료기관에서는 직원의 전문성과 서비스 품질이 곧 병원 경쟁력과 직결됩니다. 체계적인 평가 시스템을 통해 각 직원의 성장을 지원하면, 이는 자연스럽게 병원 전체의 의료 서비스 품질 향상으로 이어집니다. 환자는 전문성을 갖춘 의료진과 친절하고 숙련된 직원을 통해 더 나은 진료를 경험하고, 이는 곧 병원의 평판과 환자 만족도 향상으로 이어집니다.

평가는 직원과 병원(대표원장) 간의 아주 중요한 '소통 창구'가 될 수 있습니다. 평가 과정에서 이루어지는 면담을 통해 직원의 고충을 진솔하게 듣고, 그들이 업무나 개인적으로 가지고 있는 니즈를 파악할 수 있습니다. 이를 바탕으로 더 나은 근무 환경을 조성하고, 적절한 보상과 함께 실질적인 성장 기회를 제공한다면, 직원 만족도와 조직 충성도는 자연스럽게 높아질 것입니다.

효과적인 직원 평가를 위해서는 먼저 평가의 목적과 기준을 명확히 하고, 이를 모든 직원과 투명하게 공유하는 것이 중요합니다. 평가는 특정 개인의 주관적 감정을 배제한 채, 공정하고 객관적으로 이루어져야 하며, 평가 결과에 대한 피드백은 구체적이고 건설적이어야 합니다. 즉, 잘한 점은 구체적으로 칭찬하고, 개선이 필요한 부분은 어떻게 발전시켜 나갈 수 있을지에 대한 명확한 가이드라인을 함께 제시해야 합니다. 또, 평가 결과를 바탕으로 한 교육이나 코칭 등의 지원이 실질적으로 이루어져야 평가의 의미가 있습니다.

결국 직원 평가는 '감시'나 '통제' 수단이 아니라, 직원과 병원이 함께 '성장'하고 '발전'하기 위한 긍정적인 과정이어야 합니다. 이는 직원 개개인의 발전이 곧 병원 발전으로 이어진다는 깊은 믿음에서 출발합니다. 평가를 통해 직원이 자신의 가치를 인정받고, 더 높은 목표를 향해 나아갈 수 있는 동기를 얻을 수 있다면, 그것이 바로 직원 평가의 진정한 의미일 것입니다. 우리 병원이 환자에게 최상의 진료 경험을 제공하기 위해서는, 그 서비스를 직접 전달하는 직원이 먼저 성장하고 발전해야 합니다. 직원 평가는 바로 이러한 성장의 여정에서 중요한 이정표가 되어줄 것입니다.

6) 단점 대신 장점 찾기: 긍정 피드백의 선순환

모든 사람에게는 장점과 단점이 공존합니다. 누구든 단점을 찾고자 하면 얼마든지 발견할 수 있습니다. 하지만 이를 반대로 생각하면, 장점 역시 의도적으로 찾으면 반드시 발견할 수 있다는 뜻이기도 합니다. 이 간단한 진리를 직원 인사 관리에 적극적으로 활용해 봅시다.

직원의 단점이 유독 눈에 띄고, 마음에 거슬리기 시작하면, 우리는 자연스럽게 그 사람의 다른 단점을 계속해서 발견하고 그 부분을 더욱 강조하는 경향이 있습니다. 결국 부정적인 피드백이 반복되고, 이로 인해 직원은 주눅이 들거나 반발심을 가져 업무 성과는 더욱 떨어지며, 새로운 도전적인 업무를 맡기거나 성장 기회를 주는 것도 점점 꺼려지게 됩니다. 결과적으로, 우리가 직원의 성장 가능성을 스스로 제한하는 안타까운 상황이 발생합니다.

이 문제를 해결하는 가장 효과적인 방법 중 하나는 '프레임 전환(Frame Shift)'입니다. 즉, 직원의 단점을 보는 대신, 그들의 '장점'을 적극적으로 찾아내고 인정하는 것으로 시각을 바꾸는 것입니다. 이렇게 하면 놀랍게도 '긍정 피드백의 선순환'이 시작됩니다. 직원의 작은 장점이라도 발견해 진심으로 칭찬하고 격려하는 과정에서, 직원은 점점 더 자신감을 얻게 되고, 이전에는 미처 보이지 않았던 새로운 장점이 자연스럽게 드러나기 시작합니다. 이는 결국 직원이 자신의 역량을 더욱 적극적으로 발휘하게 만들고, 더 많은 책임과 권한을 맡길 수 있는 긍정적인 기회를 만들어냅니다.

저희 병원에 유독 소극적이고 실수가 잦아 자신감이 떨어져 있던 한 직원이 있었습니다. 하지만 저는 그 직원이 정리할 때만큼은 누구보다 꼼꼼하고 완벽하게 해내는 것을 발견했습니다. 어느 날 아침 회의에서 저는 모든 팀원 앞에서 "OO 선생님의 꼼꼼함이 바로 우리 병원의 안전과 효율성을 높이는 핵심입니다. 정말 고맙습니다."라고 진심으로 칭찬했습니다. 그 사소한 칭찬 한마디에 직원의 얼굴에 처음으로 자신감 있는 미소가 번졌습니다. 놀랍게도 그날 이후, 그 직원은 다른 업무에서도 그 꼼꼼함을 발휘하기 시작했고, 실수가 눈에 띄게 줄었으며 나중에는 개선안을 먼저 제안할 정도로 성장했습니다.

찾고자 하면 세상에 단점 없는 직원은 없습니다. 직원뿐이겠습니까. 세상 모든 사람은 크고 작은 단점을 가지고 있습니다. 문제는 단점을 보기 시작하면 그 단점이 다른 장점마저 덮어버린다는 것입니다. 그러면 그 사람에 대한 긍정적인 평가를 내릴 확률이 현저히 줄어둡니다. 그 직원에게 적합한 기회와 업무를 주기도 힘들어집니다. 직원 입장에서도 자신의 가능성을 펼치며 성장하기보다는, 결국 실망하고 퇴사를 선택할 가능성이 높아집니다.

반면에, 장점을 보기 시작하면 어떨까요? 앞서 말했듯이 세상 모든 사람은 각자의 고유한 장점을 반드시 가지고 있습니다. 그 장점을 찾아내려고 의식적으로 노력하면, 긍정적인 평가의 길이 열립니다. 그리고 그 장점을 적극적으로 활용할 수 있는 업무를 제안하거나 환경을 만들어줄 수 있습니다. 직원에게도 새로운 성장의 기회가 열리는 것입니다. 단지 내 시선을 틀어서, 한숨 쉬며 직원의 단점을 찾아내기보다, 눈을 반짝이며 그들의 장점을 찾아내는 것만으로도 병원의 전체적인 분위기가 확 바뀔 수 있습니다.

이러한 프레임 전환을 실제 병원 운영에 체계적으로 적용하기 위한 구체적인 방법을 고려해 볼 수 있습니다. 예를 들어, 직원의 강점을 구조적으로 분석하고 기록하는 '강점 기반 평가 시스템'을 도입하거나(태니지먼트 같은 전문 진단 도구 활용도 고려 가능), 직원 각자의 강점을 기반으로 업무를 재배치하거나 새로운 책임을 부여하는 전략을 채택해 볼 수 있습니다. 직원이 자신의 강점을 발휘할 수 있는 환경에서 일할 때, 더 큰 동기 부여를 느끼고 뛰어난 성과를 낼 가능성이 높으며, 병원 분위기 또한 팀 단위로 훨씬 개선될 수 있습니다.

또, 대표원장과 중간 관리자가 먼저 긍정적인 피드백을 적극적으로 제공하는 습관을 기르는 리더십 훈련도 중요하며, 직원이 자신의 강점을 더욱 강화하고 성장할 수 있도록 지원하는 코칭(새로운 도전 과제 제시, 교육 기회 제공 등) 역시 중요합니다. 장점에 초점을 맞춘 프레임 전환은 단순한 접근 방식처럼 보이지만, 조직의 분위기와 성과에 매우 강력하고 긍정적인 영향을 미칩니다.

7) 에이스 직원이 떠나는 이유: 인정은 처우로 증명하라

비단 병원뿐만 아니라 어떤 조직이든, 대표 입장에서 직원은 크게 네 가지 유형으로 나눌 수 있습니다. 첫째, 일 못 하고 태도도 좋지 않은 직원. 둘째, 일은 잘하지만, 태도가 좋지 않은 직원. 셋째, 일은 못하지만, 성실하고 착한 직원. 넷째, 일도 잘하고, 태도도 좋은 직원. 이 중에서 네 번째 유형, 즉 일도 잘하고 태도도 좋은 직원이야말로 병원의 가장 큰 자산이자 핵심 인재, 소위 '에이스'라고 할 수 있습니다. 그런데 안타깝게도, 종종 이런 에이스 직원이 병원을 떠나는 경우가 있습니다. 과연 왜 그럴까요?

이유는 생각보다 간단합니다. 조직이 좋은 직원을 대우하고 인정하는 방식에 문제가 있기 때문입니다. 병원 운영을 하다 보면, 능력도 없고 태도도 나쁜 직원은 여러 문제를 일으키다 결국 자연스럽게 퇴출되는 경우가 많습니다. 하지만 나머지 유형의 직원은 과연 어떤 대우를 받고 있을까요?

많은 병원에서 '일도 잘하고 착한' 에이스 직원은 너무나 당연한 존재로 여겨지곤 합니다. 일을 잘하고 성실한 만큼, 다른 직원이 기피하거나 힘들어하는 업무까지 도맡아 더 많은 업무를 당연하다는 듯이 처리합니다. 반면, '일은 잘하지만, 태도가 좋지 않은' 직원은 단순히 당장의 성과만 보고 조직의 분위기를 해치거나 다른 직원에게 부정적인 영향을 주더라도 참고 넘어가는 경우가 많습니다. 그리고 '착하지만 일을 못 하는' 직원은 결국 에이스 직원이 추가로 감당해야 할 업무 부담을 늘리는 요인이 되기도 합니다.

결국, 에이스 직원만 더 바빠지고, 더 힘들어지며, 정작 그에 합당한 인정과 보상은 제대로 받지 못하는 불공정한 상황이 발생합니다. 이런 환경에서 그들은 문득 깨닫게 됩니다.

'내가 여기서 제대로 인정받으며, 앞으로 더 성장할 수 있을까?' 만약 그 대답이 "아니요."라면, 그들은 더 좋은 기회를 찾아 미련 없이 떠납니다. 능력 있는 직원일수록 자신의 가치를 제대로 알아주고, 그에 합당한 대우를 해 주는 곳을 찾기 때문입니다.

여기서 많은 대표원장님이 간과하는 또 하나의 중요한 이유가 있습니다. 좋은 직원에게 입으로는 "잘한다, 잘한다.", "네가 있어서 병원이 잘 돌아간다."라고 입이 닳도록 칭찬하면서도, 정작 가장 현실적인 보상인 급여나 처우에서는 다른 직원과 별다른 차이를 두지 않는다는 점입니다. 물론 연봉과 복지에서 확실한 차이를 두는 것이 쉬운 일은 아니지만, 그것이 없다면 에이스 직원은 곧 깨닫습니다. '여기서는 아무리 열심히 해도, 나를 진짜로 인정해 주지는 않는구나.'

결국 병원의 성공은 어떤 직원이 남고, 어떤 직원이 떠나는가에 크게 달려 있습니다. 단순히 직원을 관리하는 것을 넘어, 좋은 직원이 계속해서 즐겁게 일하며 남아 있을 수 있는 환경과 시스템을 만드는 것이 대표원장의 가장 중요한 역할 중 하나입니다. 혹시 우리 병원에서도 가장 뛰어난 직원이 가장 지쳐 있는 것은 아닌지, 지금 당장 돌아볼 필요가 있습니다. "잘한다."라는 말만으로는 핵심 인재를 붙잡아 둘 수 없습니다. 진정한 인정은 말이 아니라, 공정하고 합리적인 '처우'로 증명해야 합니다. 병원의 성장을 위해 가장 중요한 자원이 무엇인지 다시 한번 깊이 고민해 보시기 바랍니다.

8) 팀워크의 힘: 보이지 않는 강력한 자산

눈에 보이지 않는 자산은 치과 경영에서 매우 중요한 역할을 합니다. 병원의 브랜드 가치, 대표원장의 명확한 비전, 그리고 조직 내부의 끈끈한 '팀워크' 같은 것이 바로 눈에 보이지 않지만 매우 강력한 자산입니다.

많은 경우, 우리는 개개인의 성과나 능력치를 기준으로 직원의 역량을 평가합니다. 물론 어떤 직원이 일을 특출나게 잘하거나 혹은 부족한지를 객관적으로 평가하는 것은 중요합니다. 하지만 그들의 실제 퍼포먼스는 단순히 개인의 타고난 능력이나 현재 가진 기술만으로 결정되는 것이 아니라, 그들이 속한 조직의 관계와 환경에서 큰 영향을 받습니다. 우리 치과에서 매우 뛰어난 성과를 보이는 직원이 다른 치과에 가서는 그만큼의 성과를 내지 못할 수도 있고, 반대로 현재 우리 치과에서 다소 성과가 미흡해 보이는 직원이 다른 환경의 치과에서는 자신의 잠재력을 발휘하여 훌륭한 성과를 내 인정받을 수도 있습니다. 결국, 직원의 개별적인 퍼포먼스보다도 어쩌면 더 중요한 것은 그들이 함께 만들어가는 '팀워크'와 그 안에서의 '조화'입니다.

이 팀워크에는 당연히 대표원장도 포함됩니다. 직원들이 서로 협력해 마치 하나의 유기체처럼 원활하게 움직이는 팀워크는 조직의 성패를 좌우하는 핵심 요소 중 하나입니다. 하지만 많은 원장님이 이러한 팀워크의 중요성을 간과하거나, 당연히 저절로 생기는 것으로 생각하는 경우가 많습니다. 훌륭한 팀워크는 그냥 주어지는 것이 아닙니다. 충분한 시간과 노력을 들여 의도적으로 만들어가고, 점진적으로 발전시키며, 소중하게 쌓아나가야 하는 것입니다.

팀워크의 가치는 특히 인사 관리(채용, 평가, 보상, 배치 등)에서 매우 중요하게 작용합니다. 새로운 직원을 뽑거나 기존 직원과의 이별을 결정하는 것은, 단순히 그들의 개별적인 업무 역량만을 평가해 결정할 문제가 아니라, 그 결정이 전체 팀의 조화와 시너지에 어떤 영향을 미칠지를 반드시 함께 고려해야 하는 중요한 과정입니다. 한 사람의 개인적인 성과가 아무리 뛰어나다고 해서 팀 전체에 반드시 긍정적인 영향을 미치는 것은 아닙니다. 반대로 당장의 성과는 다소 부족해 보여도 전체 팀워크를 원활하게 유지하고 발전시키는 데 중요한 역할을 하는 직원도 분명히 있을 수 있습니다.

팀워크는 시간이 지남에 따라 쌓여가며, 이는 곧 치과 경쟁력과도 직결됩니다. 팀이 함께 유기적으로 움직일 때 비로소 조직이 효율적으로 운영될 수 있으며, 대표원장 역시 팀의 일원으로서 팀워크를 촉진하고 지원하는 중요한 역할을 해야 합니다. 지금부터라도 팀워크의 중요성을 깊이 인지하고, 조직 전체가 함께 성장하는 건강한 문화를 만들어 가기를 바랍니다.

9) 직원과의 이별: 역량 부족 VS 도의적 잘못

때로는 아무리 노력해도 직원과 아름다운 이별을 해야 하는 순간이 찾아옵니다. 인사에 정답은 없습니다. 사람은 모두 다르고, 사람들끼리 만들어내는 관계 또한 엄청나게 제각각이기 때문입니다. 그럼에도 불구하고, 이 글이 추후 있을 원장님의 어려운 결단에 작은 도움이 되길 바랍니다.

이별을 고민하게 만드는 순간은 크게 두 가지입니다. 하나는 직원의 '역량'에 관한 심각한 의문이 드는 순간이고, 또 다른 하나는 직원의 '도의적인 잘못'으로 인해 더 이상 함께하기 어려운 순간입니다.

저는 개인적으로 어지간한 일에는 사람에 대해 섣부른 판단을 하지 않으려고 노력합니다. 직원에 대해서든, 환자에 대해서든 마찬가지입니다. 인문학적으로 볼 때, 우리는 타인을 완벽하게 판단할 만한 깊이 있는 소양을 갖추고 있지 못합니다.

주관적인 판단은 객관적인 '판단'이라기보다는 개인적인 '호불호'나 '선입견'에 더 가까울 수 있습니다. 따라서, 단순히 직원의 '업무 역량이 부족하다.'라는 이유만으로는 적절한 이별 사유가 되지 않는다고 생각합니다. 물론, 누군가의 역량 부족으로 병원 전체 업무에 과부하가 걸릴 수도 있겠지만, 이러한 문제는 교육, 훈련, 업무 재분배, 시스템 개선 등을 통해 언젠가는 해결이 가능한 부분일 수 있습니다. 그리고 이러한 문제를 해결하기 위해 함께 노력하는 과정에서 병원의 조직 문화와 전체적인 역량이 오히려 한 단계 더 성장하고 성숙해질 수 있습니다.

하지만 직원의 업무적인, 혹은 비업무적인 실수나 잘못 중에, 그 행위에 '의도적이고 도의적인 문제'가 명백히 엮여 있다면, 이때는 반드시 심각하게 이별을 고려해야 합니다. 예를 들면, 병원 자금의 횡령이나 절도, 고의적인 차트 조작, 동료 직원들 사이의 집단 따돌림 주도 등이 여기에 해당될 수 있습니다. 이러한 사건은 그 경중을 따지기 이전에, 일단 발생하면 그 심각성을 인지하고 반드시 그 싹을 단호하게 잘라 내야 하는 문제입니다.

우리의 모든 행동 하나하나가 병원 문화를 만들고 미래 행동 규칙을 설정하는 과정입니다. 만약 이러한 심각한 문제가 발생했음에도 불구하고 적절하게 조치하지 않고 어물쩍 넘어간다면, 이는 마치 암세포처럼 조직 내부에 잠복해 있다가 예상치 못한 순간에 재발하고 다른 곳으로 퍼져 나가게 됩니다. 결국 조직 전체를 와해시키고 병원 운영을 불가능하게 만들 수도 있습니다. 당장의 수술(해고)을 통해 일시적인 통증과 불편(인력 공백, 업무 차질 등)이 생길지언정, 병원의 장기적인 건강과 생존을 위해서는 반드시 단호하게 잘라내야 합니다.

10) 실장의 역할 재정의: 핵심 업무 중심의 퍼포먼스 관리

치과에서 '실장'은 과연 무슨 일을 해야 할까요? 원장님 병원에서 실장님은 현재 어떤 업무를 주로 하고 있나요? 병원에 따라 실장이 상담만을 전문적으로 하는 경우도 있고, 진료실에 더 비중을 두고 진료 보조 위주로 액팅하는 경우도 있을 것이며, 아예 원장님을 대신해 경영 전반을 담당하는 '경영 실장' 업무를 수행하는 경우도 있습니다. 또, 그런 실장이 병원에 딱 한 명 있기도 하고, 여러 명이 서로 경쟁하는 병원까지 그 형태는 매우 다양합니다. 이처럼 '실장'이라는 개념과 실장의 실제 업무는 병원마다 딱 정해져 있지 않습니다. 그럼에도 불구하고, 많은 원장님 마음속에 자리 잡은 가장 흔한 실장의 이미지는 아마도 '나를 도와 병원이 잘 굴러가게 해 주는 만능 해결사' 같은 존재가 아닐까 생각해 봅니다.

저는 개인적으로 실장 업무에 대해서 상당히 많이 고민해 왔습니다. 좋은 병원은 적합한 조직도에서부터 시작하며, 조직도란 조직의 목표 달성을 위해 필요한 업무를 어떻게 효율적으로 배분하고 그에 따라 어떻게 인력을 배치할 것인가에 대한 깊은 고민에서 나오는 것입니다. 그렇다면 '실장'이라는 직책을 특정인에게 맡기고 그에 맞는 인력을 배치하는 것이 먼저가 아니라, 병원에서 '실장'이라는 직책이 정말로 맡아야 할 핵심 업무가 무엇인가에 대한 명확한 정의와 고민이 선행되어야 합니다. 안타깝게도 경영을 제대로 배우지 못한 우리는 항상 이러한 순서를 반대로 진행해, 사람을 먼저 뽑고 그 사람에게 일을 맞춰주는 경향이 있습니다.

저도 병원을 처음 오픈할 때 2명의 실장을 두었습니다. 처음 개원하는 초보 원장이 뭘 알았겠습니까. 그저 병원이 잘 굴러갈 수 있게 알아서 잘해주겠지 하는 막연한 기대감에, 성실해 보이고 사람 좋아 보이는 두 명을 실장으로 임명했습니다. 처음에는 그런대로 잘 굴러가는 듯 보였습니다. 하지만 시간이 지날수록 생각지도 못했던 다양한 문제점이 나타나기 시작했고, 그 문제들은 시간이 지남에 따라 마치 눈덩이처럼 점점 더 커져만 갔습니다. 실장끼리 서로 반목하고 다투다 결국 퇴사하거나, 심지어 병원 운영에 지장을 주는 깽판을 치고 나가는 경우도 있었고, 실장이 특정 직원을 왕따시키거나 반대로 실장이 왕따를 당하는 등, 정말이지 가능한 모든 부정적인 경험을 다 했습니다.

병원에서 실장은 아마도 의사를 제외하고 가장 많은 급여를 받을 것입니다. 일부 페이닥터보다도 월급을 더 많이 받는 실장을 찾는 것은 그다지 어려운 일이 아닙니다. 모든 직원의 퍼포먼스는 측정되고, 평가되며, 개선되어야 합니다. 하지만 그럴 만한 시스템이나 역량이 아직 없다면, 최소한 가장 많은 급여를 받는 실장의 퍼포먼스만큼은 반드시 측정되고, 평가되며, 개선되어야 합니다.

실장은 돈을 많이 받는 만큼 당연히 바빠야 합니다. 그리고 실제로 대부분의 실장님은 매우 바쁩니다. 모든 문제는 바로 여기서부터 나타나기 시작합니다. 저는 개인적으로 바쁘지 않은 삶을 추구하며, 바쁘지 않으면서도 잘 사는 방법이 있다고 믿습니다. 그 방법은 바로, 중요한 일들의 우선순위를 명확히 정하고, 가장 핵심적이고 부가가치가 높은 업무만 내가 직접 하며, 나머지는 과감하게 다른 사람에게 위임하거나 시스템으로 해결하는 것입니다. 중요하지 않은 일에 나의 귀중한 리소스를 투입하는 것이야말로, 바쁘기만 하고 정작 알맹이는 없는 삶을 사는 지름길입니다. 그리고 안타깝게도 많은 실장님이 그렇게, 즉 중요하지 않은 잡무에 치여 정작 중요한 핵심 업무는 놓치면서 일하고 있습니다.

실장이 데스크에서 단순 응대 전화를 받고 있습니다. 실장이 진료실에서 스케일링을 합니다. 실장이 단순한 동의서를 설명하고 있습니다. 보험 청구를 해야 한다고 환자 관리는 뒷전으로 미룬 채 일주일 내내 컴퓨터 앞에만 앉아 있습니다. 한마디로, 실장이 '돈이 안 되는 일'을 하고 있는 것입니다. 이 순간, 여러분의 소중한 돈이 공중으로 증발하고 있는 것입니다.

이는 명백히 대표원장의 잘못입니다. 뭐가 돈이 되는 일인지, 어떤 일이 우리 병원 성장에 정말 중요한 일인지 명확하게 정해주지 않은 잘못입니다. 어떤 업무에 우선순위를 둘지는 대표원장의 경영 철학과 병원의 비전에 따라 달라질 것입니다. 저희 치과의 경우, 저는 실장들에게 '환자와의 관계를 측정하고 개선하는 PRM 활동'을 최우선 핵심 업무로 설정해 주었습니다. 저희 실장들은 환자와의 관계를 개선하고 유지하는 데 자신들 업무 시간의 90%를 투입합니다. 그리고 그때부터 병원은 폭발적으로 성장하기 시작했습니다. 그만큼 실장은 환자와 가장 가까이 있으면서 병원 매출과 직결될 수 있는 중요한 포지션에 있는 사람이기 때문입니다. 여러분의 실장님은 지금 어떤 업무에 가장 많은 시간을 쏟고 있나요?

11) 인력 구성과 신규 채용 시 고려사항: '잉여 시간'의 가치

많은 원장님과 대화해보면, 첫째, 신규 채용 자체에 대한 막연한 거리낌이나 부담감, 둘째, 어렵게 채용한 인력의 '잉여 노동력(놀고 있는 시간)'에 대한 걱정을 가진 경우가 많습니다. 이러한 걱정은 대부분 내가 아직 작은 병원을 운영하던, 소위 '번데기 시절'의 경험에서 비롯된 잔재일 수 있다는 것을 아시나요?

요즘에는 첫 개원부터 비교적 큰 규모로 시작하는 분도 있지만, 여전히 첫 개원은 작게 시작하는 것이 보통입니다. 작은 치과가 초기에 빠르게 성장하고 안정화되기 위해서는, 원장을 포함한 모든 구성원이 각자의 역할에 더해 마치 슈퍼맨처럼 여러 일을 동시에 해내야 합니다. 특정 업무를 정해진 사람만 잘하는 것이 중요한 게 아니라, 모두가 데스크 업무도 볼 줄 알고, 기본적인 진료 보조도 할 수 있어야 하는 그런 상태가 되는 것이죠. 즉, 병원에 필요한 일을 산더미처럼 쌓아두고, 소수의 인원이 그것을 모두 나눠서 정신없이 처리하는 그런 시스템이 되기 쉽습니다. 그중에서도 대표원장인 나는 말 그대로 병원의 모든 업무를 다 하게 됩니다. 이러한 상황에서는 추가 인력 채용은 새로운 업무를 맡기기 위해서라기보다는, 너무 바빠서 기존 업무를 감당할 손이 없을 때 어쩔 수 없이 하게 됩니다.

하지만 병원이 점점 커지고 환자 수가 늘어날수록, 이러한 과거 방식에 기반한 채용은 병원 전체에 말도 안 되는 혼란을 가져올 수 있습니다.

우선 해야 할 업무가 명확하게 정의되어 있지 않으니, 신규 직원에 대한 교육이 매우 어려워집니다. 교육 내용이 방대해지고, 교육 기간은 하염없이 길어지며, 그럼에도 불구하고 교육 성과는 잘 나지 않습니다. 신규 직원 교육은 필연적으로 기존 직원 업무를 증가시킵니다. 결국 새로운 직원을 뽑았는데 병원이 더 잘 돌아가는 것이 아니라, 오히려 기존 직원은 교육 부담에 지치고, 신규 직원은 제대로 된 업무를 배우지 못해 우왕좌왕하며 병원 전체가 난장판이 될 수 있습니다. 그리고 이런 상황이 반복되면 기존 직원은 새로 온 직원을 미워하게 됩니다. '쟤가 오고 나서부터 병원이 더 엉망이 됐어.'라고 생각하는 것이죠. 하지만 이때 잘못된 것은 신규 직원이 아니라, 체계적인 업무 분장과 교육 시스템을 갖추지 못한 치과 시스템과 그것을 방치한 대표원장인 '나' 자신입니다.

이러한 상황을 근본적으로 해결하기 위해서는, 신규 채용을 하기 전에 먼저 우리 병원에 '어떤 업무'가 필요하고, 그 업무를 수행하기 위해 '어떤 역량'을 가진 사람이 필요한지를 명확하게 정의해야 합니다. 우리 치과에 정말 필요한 업무가 무엇인지, 각 업무의 범위와 책임은 어디까지인지 깊이 고민해 봐야 합니다.

가장 중요한 인식의 전환은, 직원은 근무 시간 내내 단 1초도 쉬지 않고 일하는 기계가 아니라는 사실을 받아들이는 것입니다. 직원의 '잉여 시간(업무 공백 시간)'을 인정하고, 오히려 이를 긍정적으로 활용할 수 있는 방안을 고민해야 합니다.(이는 노동법에서 규정하는 휴게시간과는 다른 개념입니다.) 모든 직원이 단 1분도 허투루 쓰지 않고 계속 일만 하는 것이 병원 인력 구성의 최적화가 결코 아닙니다. 직원에게 명확한 업무와 책임을 부여하고, 그들이 업무를 가장 높은 퀄리티로 수행할 수 있도록 필요한 지원과 환경을 제공하며, 때로는 창의적인 개선 활동이나 자기 계발을 위한 시간을 가질 수 있게 하는 것이 진정한 최적화입니다.

어떤 추가적인 특정 업무를 위해 새로운 인력을 채용한다면, 그 인력은 초기에 혹은 특정 시기에 많은 잉여 시간을 가지게 될 수 있습니다. 그것이 비정상적인 상황이 아니라, 오히려 지극히 정상적이고 건강한 상황일 수 있다는 것을 이해해야 합니다. 그리고 대표원장은 그 잉여 시간을 활용해 새로운 직원이 병원 문화에 적응하고, 앞으로 맡게 될 더 중요한 업무를 준비하며, 스스로 성장할 수 있는 시간을 가질 수 있도록 적극적으로 도와주어야 병원 전체가 함께 성장할 수 있습니다.

PART 6

미래를 읽는 통찰
- 변화 예측과 지속 가능한 성장

성공적인 병원 경영은 현재의 문제 해결과 시스템 구축을 넘어, 다가올 미래를 예측하고 그에 맞춰 끊임없이 진화하는 능력이 필요합니다. 의료 시장의 동향을 읽고, 새로운 위협과 기회 요인을 분석하며, 지속 가능한 성장을 위한 장기적인 전략을 수립하는 것은 모든 대표원장의 중요한 과제입니다.

1
임플란트 수가, 어디로 갈 것인가?

한때 치과 경영의 '효자 상품'으로 여겨졌던 임플란트의 수가는 최근 몇 년간 급격한 변화를 겪고 있습니다. 현재의 저수가 경쟁이 언제까지 지속될지, 그리고 앞으로 임플란트 시장은 어떻게 변모할 것인지에 대한 예측은 모든 치과 원장님의 초미의 관심사일 것입니다.

1) 임플란트 수가 변화 예측의 중요성

임플란트 수가는 글을 쓰고 있는 와중에도 거의 실시간으로 낮아지고 있는 느낌입니다. 그럼 앞으로 임플란트 수가는 어떻게 움직일까요? 100% 맞는 예측은 없겠지만, 적어도 추측은 해볼 수 있습니다. 아니, 추측은 반드시 해봐야 합니다. 틀려도 고민해 보는 것 자체가 의미 있으며, 이런 추측을 바탕으로 나아갈 방향에 대해서 고민해 봐야 하기 때문입니다. 저는 다소 부정적으로 쓰이일 수 있는 본 시나리오가 앞으로 치과 운영에 오히려 큰 도움이 될 거라고 생각합니다.

2) 수요와 공급의 법칙, 그리고 인구 구조의 변화

임플란트 가격도 결국 수요와 공급의 법칙을 따라갈 것입니다. 우선 이것부터 생각해 봅시다. 우리나라 인구 구조를 생각해 보면, 앞으로 임플란트 수요가 과거처럼 폭발적으로 늘어날 것을 기대하기 어렵습니다. 임플란트 수요는 점차 줄어들 것으로 보는 게 더 합리적일 수 있습니다.

반대로 공급은 어떤가요? 제 기준에서는 임플란트 공급은 어마어마하게 늘고 있다고 생각됩니다. 임플란트를 공급할 수 있는 공급자는 크게 임플란트 제조 회사와 치과의사, 이 두 단계로 구성됩니다. 우선, 임플란트 제조 회사는 국내외를 막론하고 엄청나게 많아졌습니다. 그리고 각 회사의 매출 또한 어마어마하게 올라가고 있습니다. 이유는 최전선에서 임플란트를 직접 심는 치과의사 수가 엄청나게 늘어났기 때문입니다. 치과의사의 절대적인 수는 매년 비슷하게 늘어왔는지 모르지만, 임플란트를 심을 수 있는 치과의사의 수(그런 통계는 없겠지만 체감적으로)는 그보다 훨씬 빠르게 늘어왔다는 것이 공급 확대의 본질입니다. 하루에 5개, 10개 심는 것으로는 만족 못 하는 치과의사 수도 마찬가지이며, 심지어 하루에 40개, 50개를 심는 치과의사 또한 과거에 비해 엄청나게 늘어났습니다.

이런 상황에서 임플란트를 심는 것이 과거처럼 희소성에서나 경제적인 면에서 대단한 능력이라고 볼 수 있을까요? 이제는 그렇지 않은 세상이 왔고, 앞으로는 더욱 그렇게 될 것입니다. 임플란트를 속된 말로 너도나도 심을 줄 아는 상황에서, 임플란트에 높은 가격을 매칭시키는 것은 매우 어려운 일이 될 것입니다.

3) 비용 구조 변화와 시장의 힘

거기에 더해서, 임플란트에 들어가는 여러 비용들 또한 임플란트 가격에 영향을 미칠 것입니다. 저는 개인적으로 기공료나 치과 재료비가 유의미하게 올라가는 꼴을 본 적이 없습니다. 그 시장도 우리 치과 시장만큼이나 가격 인상에 궁색한 것이 현실입니다. 임플란트에 들어가는 비용 중에 올라가는 것은 딱 두 가지뿐입니다. 바로 직원 임금과 월세입니다. 그 외의 모든 비용은 기술 발전과 경쟁 심화로 인해 오히려 점점 내려가거나 유지되는 추세입니다.

그리고 이 먹이사슬의 최상단에 있는 임플란트 공급자, 즉 임플란트 제조사들은 과연 이러한 저수가 환경을 싫어할까요? 오히려 좋아 죽을지도 모릅니다. 그들의 주된 목적은 결국 임플란트를 하나라도 더 많이 파는 것이니까요.

4) 저수가 임플란트 시대의 뉴노멀과 사회적 경험

요즘 식당가에서는 원가보다 저렴한 일종의 '후킹용 메뉴'가 득세하고 있습니다.(예: 원가 8,000원짜리 메뉴를 7,000원에 판매) 가격이 저렴한 게 아니라 원가가 그 이상으로 높으니, 상당히 파격적인 비주얼을 선보일 수 있고 사람을 끌어모으는 강력한 힘을 가집니다. 최종 목적이야 어찌 됐든, 경영의 고수는 디테일한 계산 아래 임플란트를 마치 이러한 후킹용 메뉴처럼 사용합니다. 거꾸로, 아무것도 모르는 초보는 그 전략이 유일한 정답인 양 무작정 카피합니다. 그런데 지금의 20만 원대, 혹은 그 이하의 파격적인 임플란트 가격은 과연 유지될 수 있는 가격일까요? 저는 아니라고 생각합니다.

앞으로 많은 문제점이 발생할 것입니다. 진료 퀄리티를 떠나, 추후 A/S가 필요한 시기가 오면 그 비용은 생각보다 높을 것이고, 저수가를 유지하기 어려워진 병원은 이를 감당하기 어려울 수 있습니다. 저수가에 환자를 빼앗긴 치과도, 저수가로 환자를 뺏은 치과도 결국엔

자금난이나 의료분쟁 등으로 폐업 수순을 밟을 가능성이 있으며, 환자도 점차 초 저수가와 이를 활용한 불법 광고의 문제점을 인지하게 될 것입니다.

그때부터는 다소 떨어진 임플란트의 가격이 다시 오르겠지만, 예전의 고수가 수준으로 회복되기는 어려울 것입니다. 이미 임플란트를 100만 원, 150만 원 주고 할 필요가 없다는 일종의 '사회적 경험'이 생겼기 때문입니다. 따라서 초 저수가는 아닌, 지금의 저수가 수준에 해당하는, 예를 들어 30만~50만 원 정도의 가격으로 수렴하지 않을까 조심스럽게 예측해 봅니다. 마치 지금 난립하는 중저가 커피 프랜차이즈들처럼 말입니다. 머지않아 30만 원짜리 임플란트가 '뉴노멀'이 될 수 있습니다.

예측 시나리오가 맞는 경우는 잘 없습니다. 이 시나리오도 당연히 틀릴 수 있습니다. 하지만 한 가지 확실한 것은, 임플란트가 과거의 높은 수가를 회복할 가능성은 거의 0에 가깝다는 것이고, 이러한 현상을 순간적인 '변동'이 아니라 거스를 수 없는 '변화'로 바라봐야 한다는 것입니다. 변화에 대응하기 위해서는, 더 높은 가치를 제공하고 그에 맞는 수가를 받을 수 있는 시스템을 갖추거나, 임플란트 외에 다른 주력 진료를 발굴하고 강화하거나, 심지어는 치과 외에 다른 사업 분야까지도 알아보는 등, 생존을 위한 치열한 고민과 준비가 필요합니다.

2
다가올 변화에 대비하라
: 치과계의 미래와 생존 전략

단순히 임플란트 수가 변화뿐만 아니라, 치과계를 둘러싼 전반적인 환경은 그 어느 때보다 빠르게 변화하고 있습니다. 이러한 변화의 본질을 정확히 인식하고, 외부 환경 탓만 하기보다는 내부적인 성찰과 혁신을 통해 미래를 대비하는 자세가 중요합니다.

1) 비수기인가, 새로운 사이클의 시작인가? 변화의 본질 인식

"개원의 71.5%가 작년 영업이익이 17.5% 줄었다."라는 내용의 치의신보 기사가 화제가 된 적이 있습니다. 많은 원장님이 현재의 어려움을 일시적인 '비수기' 탓으로 돌리고 싶을 수 있습니다. 하지만 만약 단순한 비수기가 아니라면? 지금의 매출 감소가 일시적인 현상이 아니라, 치과계 전체를 관통하는 새로운 사이클의 시작이라면 어떻게 될까요? 지금의 매출 변화가 기존의 예측 가능한 사이클이 아니라, 전혀 다른 패러다임의 새로운 사이클이라면 어떻게 대응해야 할까요?

앞서 언급했듯이, 초 저수가 임플란트 가격이 과거 수준으로 회복될 가능성은 거의 0에 가깝습니다. 비용은 가치를 따라가는데, 우리가 기존과 동일한 가치를 제공하면서 가격만 다시 올릴 명분이 없습니다. 새로운 가치를 제공할 방법을 찾지 않는 한, 임플란트 수가 회복은 불가능하며, 어쩌면 아직도 가격 하단은 더 열려있을지도 모릅니다.

또, 과거와 같은 고도 경제 성장을 앞으로 또다시 경험하기는 힘들 것이며, 사회적 양극화도 점점 심해질 가능성이 큽니다. 그 말은 단지 경제적으로 어려운 사람이 많아진다는 의미를 넘어, 내가 돈을 벌기도 점점 더 어려워진다는 냉혹한 현실을 의미합니다. 가만히 버티고 있으면 수요가 저절로 늘어나서 병원이 성장하는 '존버의 기적'은 앞으로 절대 없을 것입니다. 마지막으로, 인구 구조의 변화, 특히 생산가능 인구 감소와 고령화, 그리고 지방 도시의 소멸 가속화는 특히 지방에 있는 치과의 매출 유지조차도 불가능하게 만들 수 있습니다.

물론 제 예상이 모두 틀리길 저도 간절히 바라지만, 최소한 저는 이러한 위기의식을 가지고 경영에 임하고 있습니다. 아주 머지않은 시기에 치과계에 상상 이상의 '대단한 빙하기'가 찾아올 수 있습니다. 그러니 지금이 단순한 비수기라고 느껴지는 원장님이라면, 안일하게 생각하지 마시고 반드시 새로운 가치를 창출하고 병원 시스템을 근본적으로 개선해야 합니다. 준비되지 않은 치과는 슬프게도, 반드시 무너질 수밖에 없습니다. 과거의 성공 경험은 그 어떤 미래도 보장해 주지 않는다는 사실을 명심해야 합니다.

2) 치과계가 마주한 진짜 문제점: 외부 환경 탓을 넘어선 내부 성찰

파괴적인 임플란트 수가와 불법 광고로 이어지는, 일종의 매출 상승 치트키는 분명 치과계에 엄청난 충격을 가져오고 있습니다. 저는 아직도 그 충격이 온전히 다 전해지지 않았으며, 앞으로 더욱 알 수 없는 상황이 펼쳐질 것으로 생각합니다. 그럼에도 불구하고, 정상적인 경영조차 불가능할 정도의 임플란트 수가와 광고가 아니면 유지가 안 되는 기형적인 경영 방식은 분명 치과계 전체의 큰 문제지만(그리고 이미 그 문제가 시각화되기 시작한 듯합니다.), 그 문제가 꼭 우리 치과계가 힘든 가장 중요한, 첫 번째 이유는 아닐지도 모릅니다.

험난한 외부 환경은 종종 내부의 진짜 문제를 감추고 숨기는 역할을 합니다. 어쩌면 그런 파괴적인 외부 환경이 아니었더라도, 우리 치과계는 이미 내부 문제로 힘들었을지도 모릅니다. 우리 치과계가 가진 중요한 내부 문제를 무시한 채, 오로지 외부 환경(예: 수가) 탓만을 하는 것은, 사실상 문제 해결을 위해 아무것도 하지 않는 것과 마찬가지입니다. 공동의 적(예: 저수가 경쟁, 불법 광고)을 만드는 것은 당장의 어려움에 대한 분노를 모으고, 사람들을 응집하게 해줄 수는 있지만, 그러한 공동의 적을 설정함으로써 진짜 해결해야 할 문제를 가리는 우를 범할 수도 있습니다.

많은 원장님이 지금 치과계의 가장 큰 문제로 완전히 박살 나버린 임플란트의 수가를 지목합니다. 우리 입장에서는 정말 대단한 어려움이 아닐 수 없습니다. 하지만 이러한 가격 파괴 현상은, 정보의 대중화와 공급 증가와 함께 어떤 산업에서든 필연적으로 따라올 수밖에 없는 것입니다. 특히 신규 진입하는 플레이어가 가장 쉽게 휘두를 수 있는 무기가 바로 '가격'입니다. 하물며 낮은 가격은 소비자에게는 당연히 도움이 됩니다.(물론 진료 퀄리티와 추후의 유지 가능성에 대한 의문점은 잠시 접어두고라도) 낮은 가격은 곧 적은 마진을 의미하며, 이는 소비자 입장에서는 당연히 바람직한 변화로 인식됩니다. 따라서 가격이 낮은 자가 마치 '선한 자'의 포지션까지 가져가는 것처럼 보이기도 합니다. 때문에 대부분의 영역에서 신규 플레이어의 공격적인 가격 파괴 전략을 쉽게 관찰할 수 있는 것입니다. 즉, 이러한 가격 경쟁 심화는 어쩌면 그냥 '운명'과도 같은 것입니다.

그렇다면 진짜 문제는 무엇일까요? 언젠가는 반드시 마주쳐야 했을 가격 파괴 그 자체가 아니라, 지금도 여전히 마케팅이니, 경영이니 하면 욕부터 하고 보는 치과계의 전반적인 '무지함'이 진짜 문제일 수 있습니다. 경영과 마케팅을 천시하고, 경영자 혹은 대표원장이라는 자신의 또 다른 중요한 위치를 망각한 채 이어져 온 안일한 '막 경영'은, 치과계 전체의 기초 체력 자체를 심각하게 낮춰버렸고, 그 결과 여러 외부 요인에 너무나 쉽게 흔들리게 만들어 버렸습니다.

그러니 부디 외부 환경을 보고 투덜거릴 시간에 내부를 꼼꼼히 둘러보고, 직원 이야기에 한마디라도 더 귀 기울이며, 환자에게 진심을 담은 한마디를 더 건네는 소중한 시간을 가지기길 바랍니다. 지금 우리가 할 수 있는 일부터 시작해야 합니다. 장담하건대, 앞으로 시장은 대단히 어려울 것입니다. 경영과 마케팅을 무시하는 무지한 대표는 살아남을 수 없는 시대가 반드시 옵니다. 다행인지 불행인지, 치과계는 그 거대한 변화의 파도가 다른 영역에 비해서 아주 늦게, 그리고 천천히 오고 있는 편입니다. 하지만 안타깝게도 그에 대한 대비는 택도 없는 수준입니다. 다가오는 거대한 파도를 무사히 넘기 위해서는 반드시 미리 준비하고 대비해야 합니다.

3) 치과의사의 사업 테크트리: 내부 확장부터 외부 사업까지

잠시 별책부록 같은 이야기를 해보겠습니다. 치과도 엄연한 사업체이니, 지속적인 개선과 함께 상황에 맞는 확장이 필요합니다. 의사가 아닌 '사업가' 입장에서 바라볼 수 있는 일종의 발전 경로, 즉 '테크트리'를 간단하게 언급해 보겠습니다. 잘될 때 앞으로 어떤 일을 할 수 있는지 미리 알고 있어야, 시간과 자원의 낭비를 줄이고 다음 레벨을 미리 준비할 수 있습니다.

① **내부 확장(병원의 성장)**: 가장 기본적이면서 중요한 단계는 현재 운영 중인 치과 자체를 키워 나가는 방식입니다. 치과의 외연을 확장하는 방법으로는 크게 다음 세 가지 정도를 생각해 볼 수 있습니다.

- 대형화를 통한 매출 증대: 체어 수 확장, 진료 공간 확장, 직원 증원 등을 통해 더 많은 환자를 수용하고 매출 규모를 키우는 방식입니다.

- 고급화를 통한 매출 증대: 차별화된 고급 장비 도입, 프리미엄 진료 서비스 제공, 특별한 환자 경험 설계 등을 통해 객단가를 높이고 질적인 성장을 추구하는 방식입니다.

- 프랜차이즈화(분원 확장)를 통한 외연 확장: 성공적인 본원의 시스템과 브랜드를 바탕으로 분원을 개설하거나 프랜차이즈 시스템을 구축해 사업 영역을 넓히는 방식입니다. 이러한 내부 확장 과정을 겪으면서, 대표원장은 자연스럽게 사업가로서의 다양한 경험과 경영 역량을 쌓게 될 것입니다.

② **관련된 외부 확장**(연관 사업 진출): 그동안 쌓은 치과 경영 경험과 전문 지식, 그리고 사업 역량을 가지고 새로운 연관 사업을 시작해 봅니다. 이때 다른 일반 사업가는 가지지 못한, '치과의사' 그리고 '치과 경영자'로서의 깊이 있는 지식과 네트워크를 활용해 치과 운영과 관련된 특정 모듈을 떼어내어 별도의 사업화를 진행하는 것입니다. 이러한 방식은 상대적으로 사업화가 용이하고, 잘될 때 기존 치과의 운영 효율성을 높이거나 부가적인 수익을 창출해 주기도 합니다. 예를 들자면 다음과 같은 사업들이 있을 수 있습니다.

- 치과 전문 마케팅 대행 사업 또는 컨설팅 사업

- 치과 환자나 치과를 위한 정보 플랫폼 사업

- 특정 진료(예: 교정) 관련 플랫폼 사업

- 디지털 기공 플랫폼 또는 기공소 운영 사업

- 치과 재료 유통 사업

- 임플란트 또는 치과용 의료기기 제조업

- 구강 관리 용품(칫솔, 치약 등) 개발 및 판매업

③ **관련되지 않는 외부 확장**(비연관 다각화): 이쯤 되면 치과 경영과 연관 사업을 통해 이미 마케팅, 유통, 인사(HR), 재무 관리 등 사업 운영에 필요한 모든 핵심 역량이 상당히 높은 수준으로 쌓여있을 것입니다. 따라서 치과와 직접적으로 관련되지 않은 전혀 다른 분야 사업을 해도 성공 확률이 다른 초보 사업가에 비해 기하급수적으로 올라갑니다. 겉으로는 관련 없는 사업을 하는 것처럼 보여도, 이미 내재된 핵심 역량들이 새로운 사업에도 연결돼 시너지를 내, 사실상 앞서 언급한 '관련 있는 외부 확장'과 본질적으로 동일한 성공 가능성을 가지게 됩니다.

치과의사가 소위 '딴짓'하다가 망한다는 이야기를 많이 들으셨을 겁니다. 하지만 저는 오히려 적절한 '딴짓'을 권장하는 편입니다. 물론 본업인 치과 경영을 소홀히 하면서 무분별하게 사업을 확장하는 것은 위험하지만, 철저한 준비와 계산 아래 이루어지는 새로운 사업 시도는, 결국 본질인 '좋은 치과를 만드는 데'에도 엄청난 도움과 새로운 시각을 줄 수 있습니다.

4) 폐업 가능성 높은 치과의 특징과 자가 진단

겉으로는 매우 잘 되는 것처럼 보이는 치과가 있습니다. 하지만 자세히 들여다보면, 미래의 성장 동력이나 안정성을 갉아 먹으며 현재의 성장을 어렵게 만드는 경우가 많습니다. 이런 치과는 10년 후는 볼 것도 없고, 당장 5년 후에도 그 성공의 지속을 담보하기 어려울 수 있습니다. 왜냐하면 미래의 성장 동력을 스스로 갉아먹는 구조이기 때문입니다. 많은 사람이 부러워하는, 그러나 실제로는 위험한 상태일 수 있는 그런 치과는 다음과 같은 특징을 가지고 있을 가능성이 높습니다.

① **오직 광고로만 굴러간다**: 어떤 사업이 잘 되기 위해서 광고는 분명 중요하고, 넓은 의미의 마케팅은 필수입니다. 하지만 더욱 중요한 것은 항상 병원 내실 개선을 통한 고객 만족입니다. 오직 외부 광고에만 의존해 신환을 유치하는 경우는 여러 심각한 문제가 생기게 됩니다.

광고에는 돈이 들기 때문에 병원 마진이 줄어들면서 여러 문제들이 연쇄적으로 따라올 수 있습니다. 또, 광고로 인한 신환 유입량이 치과의 실제 수용 역량보다 훨씬 커진다면, 환자의 진료 경험 만족도는 매우 떨어지게 됩니다. 시간이 지나면서 새로운 환자를 데려오기 위한 광고비는 점점 더 늘어나고, 광고를 통해 얻는 실제 매출은 점차 줄어들어, 지금은 플러스로 보이는 결과가 점차 제로(0)를 지나 결국 마이너스를 향해 갑니다.

올바른 구조는 광고를 통해 '추가적인' 신환을 확보하면서, 그렇게 방문한 신환이 훌륭한 진료 경험에 만족하고, 그 만족한 환자가 또 다른 '소개 신환'을 지속적으로 확보해 주는 것입니다.(이렇게 되면 광고의 ROAS, 즉 광고비 대비 수익률이 폭발적으로 늘어나게 됩니다.) 결국 광고란, 우리 치과를 아직 모르는 잠재 환자에게 우리를 스스로 효과적으로 소개하는 여러 '방법 중 하나'에 지나지 않는다는 것을 명심해야 합니다.

② **저수가로만 승부한다**: 이 또한 결국 '마진' 문제입니다. 충분한 마진을 확보하면서도 경쟁력 있는 저수가를 제공할 수 있다면, 그것은 최고의 경영 방법 중 하나입니다. 하지만 이를 위해서는 병원 사업체 내의 많은 부분이 상상 이상으로 최적화되어야 합니다. 임플란트를 싸게 많은 환자가 할 수 있다면, 그것은 사회적으로도 당연히 바람직한 방향입니다. 지구상의 모든 상품은 시간이 지남에 따라 생산 효율이

증가하고 경쟁이 심화되면서, 특별한 가치 개선이 없다면 가격이 떨어지는 것이 자연스럽습니다.

그런데 충분한 마진 확보가 되지 않는 무분별한 저수가는 최악의 경영 방법입니다. 나는 돈을 벌고 있는 것처럼 보이지만, 실제로는 돈을 벌고 있지 않거나 아주 적은 마진만을 남기며, 추후 필연적으로 발생할 A/S나 의료분쟁이라는 형태의 '빚'만 계속 쌓는 위험한 구조가 되어버릴 수 있습니다.

③ **구성원을 쥐어짠다(과도한 업무 부담과 낮은 처우)**: 구성원을 과도하게 쥐어짜면 당장에는 퍼포먼스가 나오는 것처럼 보일 수 있습니다. 원장이 화를 내면 직원이 잘하는 것처럼 보이고, 기구를 던지거나 소리를 지르면 직원 행동이 일시적으로 2배로 빨라지는 것처럼 느껴질 수도 있습니다. 그리고 급여를 적게 주면, 당장 내가 가져가는 돈이 늘어나는 것처럼 보입니다.

하지만 그런 치과의 구성원은 절대로 오래 다니지 않습니다. 치과의 진짜 역량은 어디서 나올까요? 많은 원장님은 그 역량이 오로지 본인에게서 나온다고 생각합니다. 하지만 치과 역량이 원장 개인에게만 있다면 동네 장사 수준을 벗어나기 어렵습니다. 치과 역량이 우리 '시스템'에 녹아 있고, 그 시스템을 실제로 운영하고 발전시키는 것이 바로 우리 '직원들'일 때, 비로소 '사업'이라고 할 수 있습니다.

직원이 자주 떠나면 치과 역량은 결코 올라갈 수 없습니다. 오히려 새로운 직원을 계속 뽑고 교육하는 과정에서 시간과 비용만 낭비되며, 병원 전체의 서비스 질은 점점 더 떨어집니다. 오랜 기간 함께하며 손발을 맞춘 직원의 '장기 근속'은 그 무엇과도 바꿀 수 없는 대단한 힘을 가지고 있습니다.

④ 오직 낮은 비용만을 추구한다(진료의 질 저하): 어떻게든 마진을 조금이라도 더 확보하겠다는 생각으로 결국 진료의 질을 떨어뜨리는 잘못된 결정을 내리게 됩니다. '거기서 거기인데 뭐.'라며 더 싼 레진을 찾고, 더 저렴한 인상재를 찾으며, 더 짧은 진료 시간을 추구하고, 소독과 감염 관리에 들어가는 비용을 아끼려고 합니다. 네, 더 이상 말하지 않겠습니다. 정답은 언제나 '정석'입니다. 그런데 우리는 진료의 정석은 학교에서 배우고 면허로 검증받았을지 몰라도, 경영의 정석은 제대로 배우지 못한 경우가 대부분입니다.

3

병원 인수 시 주의 사항
: 차트 번호의 함정

　병원을 새로 개원하는 대신 기존 병원을 인수하는 경우, 여러 장점과 함께 반드시 주의해야 할 함정들이 있습니다. 그중에서도 속지 말아야 할 대표적인 것 중 하나가 바로 '차트 번호'입니다.

　차트 번호에 큰 의미를 부여하는 경우가 많습니다. 차트 번호라는 것은, 그저 그만큼의 사람이 과거에 그 치과를 한 번 이상 다녀갔다는 사실을 담담하게 보여주는 '숫자'일 뿐, 그 이상의 의미를 담보하지는 않습니다. 특히, 차트 번호는 다음과 같은 아주 중요한 정보를 전혀 알려주지 못합니다.

- 차트 번호에 포함된 그 많은 사람이 지금도 여전히 그 치과에 충성도를 가지고 꾸준히 다니고 있는지, 아니면 이미 다 떠나버린 유령 환자인지.

- 차트 번호에 포함된 사람들이 과거 그 치과에서 어떤 진료 경험을 했는지(만족했는지, 불만족했는지, 아니면 아무런 인상도 받지 못했는지).

- 최고는 아주 많은 사람이 그 치과의 진료와 서비스에 크게 만족해 지금도 꾸준히 다니며, 주변에 좋은 입소문까지 내주는 경우.

- 최악은 아주 많은 사람이 그 치과에 대해 심각한 불만족을 느끼고, 지금은 전혀 다니지 않을 뿐만 아니라, 오히려 주변에 적극적으로 악평을 퍼뜨리고 있는 경우.

최악의 경우를 조금만 더 살펴보면, 우리는 이전 환자의 구체적인 경험을 알 수도 없고, 설령 알게 된다 하더라도 그들의 부정적인 과거 경험을 개선해 다시 우리 치과를 찾게 할 마땅한 방법이나 힘이 없을 수도 있습니다. 즉, 최악의 시나리오에서는, 높은 차트 번호가 우리 동네에서 우리 치과를 '허접하거나 신뢰할 수 없는 곳'으로 생각하는 사람들의 목록일 수도 있다는 것입니다. 더 심한 경우에는, 앞으로 절대 우리 치과에 다시는 오지 않을 사람들의 목록이 되기도 한다는 점을 명심해야 합니다.

따라서, 더 많은 차트 번호에 무조건 더 큰 가치를 둘 필요는 없습니다. 인수 개원 시 현실적으로 차트 번호는 내가 마케팅해 볼 수 있는 일종의 DB 역할을 할 수는 있습니다. 하지만 그들의 이전 경험을 전혀 모르는 상태에서 오직 높은 차트 번호라는 숫자에만 의존해 웃돈을 주는 도박은 하지 마시길 바랍니다. 철저한 실사와 평판 조회가 선행되어야 합니다.

4

원장님을 위한 추천 경영 서적

경영에 대한 깊이 있는 이해와 통찰은 하루아침에 이루어지지 않습니다. 꾸준한 학습과 성찰을 통해 자신만의 경영 철학을 정립하는 것이 중요합니다. 다음은 제가 개인적으로 읽고 큰 도움을 받았거나, 많은 원장님께 추천하고 싶은 책 목록입니다. 단순한 정보를 넘어, 실제 병원 경영에 적용할 수 있는 지혜와 영감을 얻으실 수 있기를 바랍니다.(다음 목록은 특정 출판사나 저자와의 이해관계 없이 순수하게 정보 제공을 목적으로 나열한 것입니다.)

1) 마케팅 및 브랜딩 기본 원리

- 마케팅 설계자, 브랜드 설계자, 트래픽 설계자(러셀 브런슨 저) - 퍼널 전략의 대가
- 필립 코틀러 퍼스널 마케팅(필립 코틀러 등 저) - 마케팅의 아버지에게 배우는 개인 브랜딩
- 1페이지 마케팅 플랜(앨런 딥 저) - 간결하지만 강력한 마케팅 계획 수립
- 모든 비즈니스는 브랜딩이다(홍성태 저) - 국내 최고 브랜딩 전문가의 통찰
- 마케팅이다(세스 고딘 저) - 현대 마케팅의 새로운 정의와 방향
- 핑크 펭귄(빌 비숍 저) - 차별화와 독창성의 중요성
- 마케팅 전쟁(알 리스, 잭 트라우트 저) - 경쟁 전략의 고전

2) 콘텐츠 마케팅 및 스토리텔링

- 에픽 콘텐츠 마케팅(조 풀리지 저) - 콘텐츠 마케팅의 교과서
- 스토리텔링(애넷 시몬스 저) - 마음을 움직이는 이야기의 힘
- 콘텐츠 바이블(이동우 저) - 실전 콘텐츠 제작 가이드
- 오프라인 사업만 10년 한 39세 김 사장은 어떻게 콘텐츠 부자가 됐을까(김도사의 은밀한 과외 저) - 현실적인 콘텐츠 마케팅 성공기

3) 경영 전략 및 실행

- 그로스 해킹(라이언 홀리데이 저) - 데이터 기반 성장 전략
- 장사는 전략이다(김유진 저) - 자영업 성공 전략
- 장사의 신(우노 다카시 저) - 일본 외식업 성공 신화
- 믹스(김미경 저) - 다양한 경험과 역량의 융합
- 원위크(게리 켈러, 제이 파파산 저) - 핵심에 집중하는 힘
- 카테고리 킹(다니엘 프리스트리 등 저) - 새로운 시장을 창조하는 법
- 린치핀(세스 고딘 저) - 대체 불가능한 핵심 인재가 되는 법
- 클루지(개리 마커스 저) - 불완전한 인간의 사고방식 이해
- 넛지(리처드 탈러, 캐스 선스타인 저) - 행동 경제학적 접근

4) 병원 경영 특화 및 마인드셋

- 내 운명은 고객이 결정한다(박종윤 저) - 고객 중심 경영의 정수

(특정 마인드셋에 추천)

- 왜 일하는가(이나모리 가즈오 저) - 일과 경영의 본질에 대한 성찰

(특정 마인드셋에 추천)

- 후크 포인트(브렌던 케인 저) - 사람들의 시선을 사로잡는 법
- 오케팅(오두환 저) - 실행 중심 마케팅
- 그리고 마지막으로, 제가 쓴 '무자본 마케팅'과 '페이션트 퍼널'도 감히 추천해 드립니다.

이 외에도 훌륭한 경영 서적은 셀 수 없이 많습니다. 중요한 것은 단순히 책을 읽는 것을 넘어, 그 안에서 얻은 지혜와 통찰을 실제 병원 경영에 어떻게 적용하고 실천할 것인지를 끊임없이 고민하고 시도하는 것입니다.

에필로그

그리고, 우리의 항해는 계속됩니다

존경하는 원장님,

긴 항해의 마지막 페이지에 함께 도달하신 것을 진심으로 축하합니다. 우리는 이 책을 통해 때로는 험난한 파도와도 같은 치과 경영의 현실을 직시하고, 때로는 밤하늘의 별처럼 빛나는 성공의 가능성을 함께 그려보았습니다.

대표원장으로서 가져야 할 리더십과 마인드셋이라는 내면의 돛을 점검하는 것에서 시작해, 데이터라는 정밀한 항해 도구를 통해 우리 병원의 현재 위치를 파악하고 나아갈 길을 찾는 법을 익혔습니다. 환자 한 분 한 분의 마음을 얻고 잊지 못할 경험을 선사하는 따뜻한 항구를 만드는 방법을 고민했고, 넘쳐나는 정보의 바다에서 우리 병원만의 독특한 깃발을 올리고, 그 목소리를 멀리까지 전달하는 마케팅과 브랜딩의 기술을 탐구했습니다. 또, 병원의 안정적인 순항을 위한 현명한 수가 정책과 직원이라는 가장 소중한 선원들을 아끼고 성장시키는 방법에 대해 깊이 있는 이야기를 나누었습니다. 마지막으로는 끊임없이 변화하는 미래의 조류를 읽고, 지속 가능한 성장을 향해 키를 잡는 통찰력을 함께 고민했습니다.

어쩌면 이 책을 읽는 동안, 이미 알고 있던 내용에 고개를 끄덕이셨을 수도 있고, 미처 생각지 못했던 새로운 관점에 잠시 멈칫하셨을 수도 있습니다. 혹은 당장 실천해 보고 싶은 아이디어에 가슴이 뛰었을지도 모르겠습니다. 어떤 경험이었든, 이 책이 원장님의 병원 경영 여정에 작게나마 긍정적인 이정표가 되었기를 간절히 바랍니다.

기억해 주십시오. 성공적인 병원 경영에는 단 하나의 정해진 정답이란 존재하지 않습니다. 마치 항해와도 같아서, 우리 각자가 가진 배의 크기와 모양도 다르고, 목표로 하는 항구도 다르며, 항해 중에 마주치는 날씨 또한 예측 불가능하기 때문입니다. 중요한 것은 완벽한 지도를 손에 쥐는 것이 아니라, 어떤 상황에서도 방향을 잃지 않고 앞으로 나아갈 수 있는 자신만의 나침반과 항해술을 끊임없이 연마하는 것입니다.

이 책이 그 나침반을 만들고 항해술을 익히시는 데 조금이나마 도움이 되었다면 더할 나위 없는 기쁨일 것입니다. 하지만 진짜 변화는 이 책을 덮는 순간부터 시작됩니다. 오늘 얻은 작은 깨달음 하나를 내일 병원에서 실천해보는 용기, 익숙한 관행에 의문을 제기하고 더 나은 방법을 모색하는 끊임없는 호기심, 그리고 무엇보다 '환자를 위하고, 직원을 아끼며, 나 자신도 성장하는 병원을 만들겠다.'라는 그 초심을 잃지 않는 것, 이것이 바로 우리 시대 병원 원장이 걸어가야 할, 그리고 걸어갈 수 있는 가장 위대한 길이 아닐까 생각합니다.

부디 지치지 마시고, 포기하지 마시고, 원장님만의 멋진 항해를 계속해나가길 응원합니다. 언젠가 넓은 바다 어딘가에서, 성공이라는 각자의 깃발을 당당히 휘날리며 서로 웃으며 마주할 수 있기를 기대하겠습니다.

오늘도 수고 많으셨습니다. 그리고 진심으로 감사합니다.

개원 5년,
연 매출 100억 원을 만든 질문들

초판 1쇄 발행 2025년 10월 14일

지은이　문석준
발행인　정진욱
편집인　윤하루
디자인　주서윤

발행처　라디오북
출판등록　2018년 7월 18일 제 2018-000161호
주 소　(07295)서울특별시 영등포구 문래로 94-7
전 화　010-5862-0801
팩 스　0508-930-9546
이메일　hello.radiobook@gmail.com

ⓒ 문석준 2025
ISBN 979-11-994936-0-5 (13320)
값 38,500원

이 책은 저작권법에 따라 보호를 받는 저작물이므로 무단 전제와
무단 복제를 금지하며,
이 책의 전부 또는 일부를 이용하려면 반드시 저작권자와 라디오데이즈
의 서면 동의를 받아야 합니다.

*라디오북은 라디오데이즈의 출판 전문 브랜드입니다.